《中国学术期刊网络出版总库》与CNKI系列数据库全文收录

翻译论坛

Translation Forum

许 钧 主编

江苏省翻译协会 编

南京大学出版社

4

2015

《翻译论坛》编辑委员会

目　录

Main Contents

试论升级新闻翻译标准
—— CNN 辱华案例重析

浙江大学　陈　刚

摘　要:在全球化的 21 世纪,专业新闻翻译实践发生了前所未有的变化,对"传统"的新闻翻译定义与新闻翻译标准构成了新的挑战,也对专业新闻翻译教学提出了新的要求,包括超前要求。换而言之,这就要求对新闻翻译定义及标准进行全面升级。基于笔者近 15 年所进行的新闻翻译实践、教学及研究,同时囿于篇幅,仅试图对自己 BTI/MTI 级"4/40 项"新闻翻译标准的升级版进行解读,并重析 CNN 辱华特殊案例,与同行分享。

关键词:专业新闻翻译标准(44 项);升级;超前;21 世纪全球化;解读;案例重析

1　问题的提出及新的思考

1.1　问题的提出

近一两年,翻译界一些学者在讨论如何给翻译重新定位与定义以及一些 21 世纪全球化时代翻译研究问题(见《东方翻译》第 1—4 期,《中国翻译》第 3 期等),这将给新时期的翻译研究带来积极的影响。然而,根据笔者三十几年专职业口笔译实践、教学以及研究(涉及 30 门口笔译课程,横跨八种体裁的文学翻译以及多种应用翻译),我以为翻译实践的复杂性导致很难给翻译一个"大而全"的定义或定位,尤其翻译(实践)定义——真不宜也不容易给出一个所谓"新"的完整定义等,起码也一直没有办到过。

教育部对翻译的真正重视还是最近十年的事。之后,学界对应用翻译才慢慢开始重视起来。而长期以来,新闻翻译在应用翻译研究领域中还没有得到应有的重视。"其他〔应用翻译〕领域的研究受到更多的重视,而新闻翻译研究则趋于减弱。总体来说,翻译研究重点放在其他文本类型上,却倾向于忽视新闻翻译。媒体研究和新闻研究的研究焦点在单语案例,却很少在语际翻译案例。"(Bielsa & Bassnett,2011:17)笔者在 20 世纪八九十年代职业翻译的经历也可以作为佐证。笔者在近 15 年的新闻翻译教学与研究工作中,向国内主流媒体机构就新闻翻译中的意识形态、新闻正义、职业道德等问题提出批评的经历等,都反复证明学界、译界和传媒界对专业新闻翻译的重视程度仍远远不够。

例如,国内重点大学(特指"985"和"211"工程大学)中,仅有少数学校开设新闻翻译课。即使 2006/2007 年全国分别设置了本科、研究生翻译专业之后,开设新闻翻译课(特指把新闻翻译作为专业方向)的学校数量也相当有限。"作为一门专业课程,它在国内的新闻传播教育领域中却一直没有得到应有的重视。国内新闻院校很少开设这门课程就是最好的例证。"(刘其中,2009b:2)"从教育方面讲,我感到我们学校里面专业教师队伍比较匮乏,一定要大大加强专业方面的师资队伍。"(张慈赟,见袁丽梅、何刚强,2015)采用的翻译教材,相关翻译理念、翻译标准等比较"传统",即更多的是从词汇层、方法、过程等传统角度讨论、定义新闻翻译(许明武,2003:26;张健,2008:11;刘其中,2009a:2;刘其中,2009b:2-3;张慈赟,见袁丽梅、何刚强,2015)。

1.2　新的思考

笔者以为:要给翻译(重新)定义,应着眼于给专门或特殊领域(学科/专业)的具体翻译实践,如新闻翻译、旅游翻译、法律翻译、商务翻译、科技翻译等(这些领域还可细分),进行定义,否则仍然留于"纸上谈兵",难以把问题说透。

笔者更愿意使用"升级"而非"重新"给新闻翻译给予与时俱进的定义。翻译定义跟翻译标准构成因果关系。既然新闻翻译这个概念的内涵和外延发生了变化,衡量翻译的标准自然必须跟着变。具体说来,升级后的新闻翻译定义,取代升级前的定义;与此相反,升级后的新闻翻译标准依然保留并且运用传统的新闻翻译标准。针对某一特殊/具体领域的专业翻译(specialized translation)的定义和标准进行讨论,才可能是切实可行的。因受篇幅限制,这次主要讨论新闻翻译标准的升级问题。

2　新闻翻译标准升级缘由

升级新闻翻译标准,乃是全球化时代的21世纪翻译专业教师、学者及一线实践者应该直面的问题,也是国际新闻从业人员应该直面的问题。这正如"Modern journalism is global in scope"(Bielsa & Bassnett,2011:41)。因此,需要对新闻翻译标准进行全面升级。笔者根据本世纪开始的15年中所进行的新闻翻译实践、教学及研究,已对"BTI级新闻翻译标准"和"MTI级新闻翻译标准"进行了全面升级。

"传统的"新闻翻译(定义和)标准有一些可以并且应该保留的内容,所存在的诸多不足主要体现在"两个没有"——没有与时俱进,没有细化标准。前者涉及理念问题,后者涉及实践与理论问题。无论从哪个角度讲,全球化时代的新闻翻译实践前所未有,精彩纷呈,可以通过"八个性"来概括:专/职业性、多元性、复杂性、细节性、丰富性、操纵性、多重性、超前性。

①"专/职业性"涉及新闻翻译本身之定性问题,即新闻翻译的资格认定应该是具有专职业资质的 professional translator。②"多元性"涉及多元文化和多种语言。③"复杂性"涉及新闻内容复杂,结构形式复杂,读者对象复杂等。④"细节性"涉及翻译 localization 或/和 globalization 过程中不可避免的、越来越多的细节处理。⑤"丰富性"涉及体裁丰富,题材丰富,语言丰富等。⑥"操纵性"涉及意识形态、目标语调整或调控等。⑦"多重性"涉及多种语言之间的转换,记者(journalist)—译者(translator)—编者(editor)—把关者(gatekeeper)等多重角色之间的转换,甚至身兼数职,故派生出 trans-editor, translator-editor, translator-abstractor, reporter/interpreter, journalist-translator, copy-editor, subeditor, co-editor, desk chief 等。⑧"超前性"涉及在翻译实践、教学及研究过程中要站得高,看得远,多设想,集中思路等。因受意识形态影响,如何做到新闻正义并非易事。

说得再具体些或更为本体些,应加强对学生先进理念的培养,加强硬新闻和软新闻的汉译英,主要反映在词、短语、语用、句、新闻结构等翻译上;应把新闻正义与意识形态问题提到不可忽略的高度,加强新闻特稿和言论文章的编译,主要反映在结构、篇章、文化等的翻译上;应懂得采纳何种新闻翻译方法——全译、编译或摘译,这主要取决于译者职业道德和新闻正义,其中意识形态问题的处理,要有利于我国形象和风范。

2.1　有关新闻翻译的"传统"标准

就该标准,此处将有代表性的观点引述如下:

(1)新闻翻译的标准概括地说就是:译词准确,语言通顺(通俗),文体适切……快速迅捷(许明武,2003:26;下画线为引用者所加,下同)。

(2)新闻翻译就应着重于在信息准确无误的基础上符合英语新闻文体的要求,并能有广泛的可读性。换而言之,新闻翻译就是在"信"的前提下达到广大读者都能读懂的"达",

而新闻翻译中的"雅"则表示译文符合新闻文体的要求(张健,2008:11)。

(3)……新闻翻译的标准……为"信、达、简、雅"四个方面。以上见解是指新闻消息时的标准。如若翻译特稿、通讯、社论、署名文章等,其翻译标准应与翻译文学更接近些(刘其中,2009a:13)。

(4)不管是中译英还是英译中,第一要务就是要"达意";第二是要"漂亮"。"看看人家是怎么来做报导的,用了些什么词……从我自己的个人经历来讲,就是 wording,wording,wording,英文最后都归结到 wording:怎样在一个恰当的地方使用一个恰当的词,这是最最关键的。"(张慈赟,见袁丽梅、何刚强,2015)

上述提及的观点、理念等无疑都是正确的,有的颇具见地,比如出自刘其中先生的,他本人曾在新华社、中国日报社等国家重要新闻机构担任新闻编译等工作,并且在香港的大学和清华大学执教;再如张慈赟先生,是国内资深英文媒体人等。在实践与教学中,对初学者灌输这些观点,更是必不可少。

2.2 理念须升级的关键

"现代新闻的诞生,也是全球新闻的诞生。"(Bielsa & Bassnett,2011:41)因此,教学翻译必须具备国际视野。笔者在为 BTI 和 MTI 编写一套专业丛书过程中,根据自己理念策划设计的《新闻翻译:理论与实践》(2011)分册中,将新闻翻译从跨语言、跨文化的国际信息传播视角加以描述、定义,将新闻翻译明确为一种职业(陈刚、吴波、朱健平等,2011:59)。这意味着教学、培训需用专业标准、职业道德来要求。例如,增加"理论指导篇"(如第1章),"新闻翻译研究篇"(如第15章),内容涉及社会意识形态视角、批判话语视角、译者视角、编辑视角;勒菲弗尔的意识形态和赞助人理论、德国功能派理论等。

由于在全球化时代新闻翻译属于跨文化信息传播,新闻的定义、新闻翻译的定义不可避免受到了挑战。通过新闻机构进行不同文化之间传递的信息可谓新闻;如此定义的新闻不仅要进行语际意义上的"翻译",还要进行信息重塑、编辑、综合和转换,以便于新的读者群阅读。于是,新闻翻译的定义,势必受到挑战(Bielsa & Bassnett,2011:1-2)。

2.3 新闻翻译标准升级重点简述

"升级版"的新闻翻译标准(尤其用于MTI 的新闻翻译标准),高度综合、高度整合、高度融合、高度/细致分类,在坚持**专职业化**的基础上,强调**跨语言(尤其跨语篇)、跨文化、跨国度的二次传播效果,强调新闻正义,强调意识形态正面调控**。张健(2003:11)和张慈赟(见袁丽梅、何刚强,2015:90)等对跨文化传播亦有涉及。笔者已在传统标准的基础上,即在以"小单位"(词、短语等)、"纯文字"(词语对等)为特色的 ABC(accuracy+brevity+clarity)基础上,提升至共 4 项标准的"**BTI 升级版**"和共 40 项标准的"**MTI 升级版**"。当然,两个升级版可以互用,如 MTI 版本第 40 项标准所含的 16 guidelines,完全可以用于 BTI 版本。

这里对"标准"概念的解读,特使用英语 **yardstick**。该词意为"a standard for comparison"(NOD 第 2139 页);具体来说,"a rule or specific idea about what is acceptable or desirable that is used to judge or measure something"(MWED 第 1901 页;下画线为引用者所加)。根据笔者的相关实践、教学及研究,升级后的 yardsticks 实则是给新闻翻译提供了新的视角、新的思路、新的要求、新的切入点,具有较强的新的应用价值、新的操作价值、新的学术价值以及超前意识。

(1)"**BTI 升级版**"——**ECTI**(选自笔者的授课笔记):

序号	编译标准	升级注解
1	Effectivity (in the TL news)	强调新闻翻译、整体传播的有效性(5W＋H 和"倒金字塔"结构应视为不言而喻,故不作为讨论内容),落点在目标语新闻(the TL news)。
2	Conciseness	强调新闻报导中概念的翻译言简意赅;句子、段落短小、精悍、有力;多用主动语态,少用形容词——这些风格规定符合新闻机构坚持的价值观、提倡的新闻价值标准(客观与中立);这样处理过的专业新闻译文销路好。
3	Target addressee-orientedness	强调新闻受众的可接受性(使用"addressee"包括听者、纸媒读者、新媒体读者、自媒体读者等)。
4	Ideological consciousness	强调对意识形态问题意识的培养(应从本科开始)

　　(2)"MTI 升级版"——40 essential yardsticks,即全球化语境下 40 项编译标准/尺度之指南(其中第 40 项包含广播新闻编译 16 guidelines)(选自笔者的授课笔记并在参照 Bielsa & Bassnett 2011 和 Scollon & Scollon 2000 的基础之上进行融合)。

序号	编译标准	升级注解
1	Accuracy in the SL & TLnews	正确处理 SL 和 TL news 中的 dialect variations/regional variations,比如是选择使用 standard English 或 lingua franca(Anglophone press 所使用的语言)。
2	Acceptability of shifts of register	在 SL/TL 文本中,高度重视英文语域——英文特别在乎 tone 和 style 的一致性。
3	Acculturation	强调文化融合,而非 domestication 或 adaptation。
4	Agency style	指根据通讯社自己的报道风格、方式、要求等进行编译;由本机构直接掌控翻译(centralize news translation),而一般不由 freelancers 代劳;熟悉并把握何为 American-style journalism,何为新华社风格新闻,以防"归化"。
5	Careful use of evaluative terms	主要用于硬新闻等新闻体裁的翻译。
6	Clarity in TL texts and pictures	注重 TT 的 coherence;注重 TL 广播新闻语言的清晰;注重 TL 图片的整体质量——图片清晰和图说清晰。
7	Contextualization	注重新闻在目标语中所涉及的不同语境,比如语言、文化、地理等。
8	Cross-cultural effectiveness	强调目标语新闻跨文化转换之有效性,即有效传播。
9	Cultural sensitivity	始终思考自己的翻译方式能否起作用,自己翻译的语篇能否契合 TL 语篇(因为文化交流的实现要依靠语篇交流的实现)。
10	Dissident translation	异化翻译,保留 the foreign,实施 dissident cultural practice。
11	Globalization	涉及新闻内容的全球化,译文语言的全球化(比如适合 the global lingua franca community)——具有国际视野。
12	Justice of journalism	新闻正义(涉及新闻的客观性、真实性、准确性;从业人员的职业道德;从业人员的专业水准;大国的形象与风范)。
13	Ideological manipulation	新闻翻译/撰写过程多重、复杂,要经过多个 gatekeepers(把关者)的操纵,而每个把关者的意识形态及双语水平都是不同的。译者本人也同样不可避免对 ST 进行(个人的/社会的)意识形态/语言的操控。意识形态的操控也反映报纸意识形态的立场与地位。

序号	编译标准	升级注解
14	Invisibility	新闻翻译应扮演"替人作嫁"的角色。就主客观而言,(硬)新闻体裁的译者原则上应隐身,译文应归化、透明,跟文学翻译等完全不同。国际化的新闻机构,作为新闻批发商(news wholesaler),理应坚持译者隐身。作为新闻大社,理应坚持新闻翻译之客观、中立,抛开个人意识形态,服务于整个 Anglophone journalism,使新闻信息成功跨越语言、文化及地理的界限。
15	Localization of foreign news	翻译只有注重地方化(包括网站地方化"elocalization")才能确保或容易使新闻国家化,而地方化就要讲究新闻产品之"适销对路"(涉及翻译价值观、策略、归化、异化、技术创新等)。地方化涉及"翻译显形"。
16	Logical discourse pattern	新闻文本翻译、采访报道、对话/会话翻译要注意 TL 语篇的逻辑话语模式,即"演绎话语模式"和"归纳话语模式"。
17	Market-driven	"市场驱动"意识和政策是指世界主要新闻机构(应包括新华社)要调整自己新闻的目标语政策以适合它们的主要新闻市场的几大语言要求。亦适用非通用语种的新闻翻译。
18	Multiple target reader-orientedness	全球化时代同一内容新闻的编译需为多国/多文化读者服务,故涉及多语新闻编译的标准(难度高于BTI)。"reader"可替换成"addressee",对编译者要求要高许多。
19	National image	作为全球化大国新闻(翻译)机构,须始终保持良好的大国形象。根据习主席的讲话精神,"五个大国"思想内涵是大国领袖、大国道路、大国思维、大国胸怀、大国意志。
20	News values	搜集、选择、翻译新闻素材时,要强调 news worthiness——第一标准是素材的 veracity 和 reliability,其次是 impartiality, objectivity 和 neutrality,即新闻价值的要素。
21	Political awareness & correctness	在新闻内容编译过程中要有政治觉悟/意识和确保政治正确的标准。
22	Politically driven	特稿/社论等译文要关注政治利益、政治宣传,使用好政语语篇,总之在完成新闻体裁的政治语篇翻译时 定要强调"政治驱使"。
23	Pragmatic effectiveness in translation	翻译要充分投入到目标语受众语篇翻译的实际有效性之中。
24	Professional news writing standards (*journalese*+*jargon*)	翻译即用 TL 进行 news writing/rewriting,熟练掌握新闻专业写作标准(比如会使用新闻文体及行话)乃是做好新闻翻译的基础。
25	Reorganization of gathered newsworthy material	对新闻素材进行单语翻译或多语翻译,首先须对这些素材进行重组。
26	Reshaping (translated) material from different sources at every stage	新闻编译过程中每个阶段,都需对来自不同渠道的译文素材,按照有关语篇、文体等要求进行重塑。
27	Shaping to-be-translated news material subject to temporal and spatial constraints	根据时空等要求对待译新闻素材进行塑造、加工。
28	Simplicity in TL style	保持硬新闻的目标语风格——简洁。

（续表）

序号	编译标准	升级注解
29	Sincerity	对特定题材(如情感类、凭吊类、抒怀类等)的软新闻、特稿或评论员文章的 TL 处理,要译出 ST 中需要表现的真诚——真情实感(如对戴安娜的纪念、对抗战文本的文字细节处理等)。
30	Speed and accuracy	译文要确保速度与准确——新闻翻译的两大基本要求,新闻的质量生命线。新闻翻译(任务)必须强调的两个重要方面,最终是确保新闻之可信度/可信性。另参照第 1 项 yardstick。
31	Tertiary/dual structures (for the dominant and the alternative model of translation)	亦是 dual/tertiary agency networks (local and global translators-journalists)。一种新闻翻译组织结构标准。如典型的新闻机构雇佣全球化 & 地方化这两类译者—记者,为不同的新闻通讯社翻译新闻。翻译模式可以某一种为主,也可以因受众而异。这种双重/三重新闻结构/组织可以大大减轻翻译任务要求,最大幅度地有效减少全球发布多语种新闻和给各地市场发布新闻的时间。这还是某种程度的 decentralization。比较"标准第 4 项 Agency style"之"centralize news translation"。
32	Textual consideration/manipulation	学生往往忽视对新闻翻译篇章结构层面的认知、思考和调整。熟悉各类新闻体裁篇章的不同译法,必不可少。"manipulation"未必是负面词汇。
33	Theatricality	新闻翻译策略,涉及采访、报道、对话、访谈等。亦可 theatricalization 或 theatricalizing the news。该策略使用得不多,但必须再现真实——"a real-life exchange being written up as though it were a piece of theatre" (Bielsa & Bassnett, 2011: 122)。国际上对萨达姆审判案的法庭对话翻译,国内对 CNN 某主持人辱华案、斯通辱华案等在翻译时均没有将各自的"a piece of theatre"处理好——缺乏客观、真实、公正等。
34	TL pragmatic usage	新闻翻译非常强调目标语(特指英文)使用中要讲究惯用法、语用正确等。
35	TL semantic understanding	标准 34&35 是相辅相成的。译者没有用好目标语中的惯用法等,往往源于其对目标语的语义理解不顾透彻。因此,标准 34&35 应联合运用。
36	Truthfulness	新闻翻译的首要标准,也是底线。亦可用 veracity 或 trust。对 BTI 生和 MTI 生同等重要。
37	Utilitarian discourse system	该标准实则指一个多视角的理论框架,译者掌握其精髓有助于确保跨文化交流即语篇交流的成功。掌握三种 discourses(重点分别为 cohesion, social context, whole systems of communication);认识社会、团体、个体话语的 ideology;选择 the preferred forms of discourse(特指专业新闻语篇/话语——包括口头形式与书面形式);实践各种新闻编译方法与技能;实现新闻翻译的跨文化交流——跨语篇系统交流。
38	Variations of veracity	翻译势必发生变译(variation),但一定要有限度,起码有 ST 痕迹可佐证(同上:123)。因此,真实性也存在"变译",但新闻编译的真实性一定要获得受众的信任(trust)。这里涉及 translated accounts, reporting, court hearings, transcripts, initial copy, in-house style 及 textual manipulation。
39	Visibility	互联网使新闻翻译本地化愈发显形,多媒体新闻具有高度灵活、归化的特色,而且存在新闻本地化的多种版本,这使新闻翻译加倍显形。
40	(Re) writing for the ear (for broadcasting)	With 16 guidelines as follows (cited from US radio news writing) Guideline 1: Begin sentences with a source, with the attribution, if needed. Guideline 2: Avoid starting a story with a participial phrase. Guideline 3: Avoid starting a story with a dependent clause. Guideline 4: Use ordinary, one-syllable words whenever possible. Guideline 5: Use vigorous verbs. Avoid adjectives and adverbs.

序号	编译标准	升级注解
		Guideline 6：Use the active，not the passive，voice. Guideline 7：Use familiar words in familiar combinations. Guideline 8：Write simply，directly. Guideline 9：Write in language that can be read easily. Guideline 10：Use a phrase to indicate someone is being quoted. Guideline 11：Place titles names. Guideline 12：Avoid adjectives and adverbs. Guideline 13：Spell out all numbers through 11. Guideline 14：Do not use initials for agencies and organizations unless they are widely known. Guideline 15：Use contractions for informality. Guideline 16：Keep sentences for fewer than 20 words.

3 新闻翻译升级标准特殊案例重析

3.1 案例之意义

（1）从意识形态及全球化视野出发，提升中国形象，保持大国风范。

（2）从专职业的角度出发，直面新闻正义，还原新闻真实。

（3）从新闻翻译结果出发，修正误读误译，给出准确译文。

3.2 案例之特殊

（1）主流媒体初始就发生了某要点的传播错误，从而被误导成举国愤怒，一发不可收拾。

（2）翻译传播领域迄今始终未在公开场合提供过完全正确的译文，以讹传讹。

（3）笔者曾不止一次向主流媒体提出交涉，由于主题涉外，他们的回复是"谨致谢忱"。

3.3 案例之专业

（1）就新闻翻译本体而言，案例翻译存在几大理解、表达问题。

（2）就跨文化交流而言，译者对语篇的掌握尚欠火候。

（3）就新闻翻译教学而言，本案例的学术、实用价值均很高。

3.4 案例之选析

因篇幅所限，笔者仅对案例（ST）中的两个语言及错译重点（见 ST 中的底线和编号）做一分析、讲解，仅供参考。

（1）the Source Text：

> **Jack Cafferty**：Well，I don't know if China is any different，but our relationship with China is certainly different. We're in hawk to the Chinese up to our eyeballs because of the war in Iraq[1]，for one thing. They're holding hundreds of billions of dollars worth of our paper. We also are running hundred of billions of dollars worth of trade deficits with them，as we continue to import their junk with the lead paint on them and the poisoned pet food and export，you know，jobs to places where you can pay workers a dollar a month to turn out the stuff that we're buying from Wal-Mart. So I think our relationship with China has certainly changed. I think they're basically the same bunch of goons and thugs they've been for the last 50 years[2].

（2）专业分析：

按照 MTI 升级版的新闻翻译标准，我们可以从以下 9 个视角切入：

7. Contextualization	8. Cross-cultural effectiveness	9. Cultural sensitivity
12. Justice of journalism	13. Ideological manipulation	19. National image

21. Political awareness & correctness	34. TL pragmatic usage	37. Utilitarian discourse system

【背景说明】

美国 CNN 有一档讨论国内外时事新闻大事节目 the Situation Room。上述 the source text (ST) 是节目主持人 Wolf Blitzer 跟政治评论员杰克·卡弗蒂就国际问题中的中国问题讨论时,后者所发的一通论调。该节目于美国东部时间 2008 年 4 月 9 日 18 点播出。这档节目中国大陆观众根本不了解,谁也不会在清晨 6 点前后去收看。据本人的直接和间接经验,(绝大)多数国人(含英语专业人士等)原则上是听不懂 ST 的,美籍华人中也只是部分人能听懂 ST 其中一部分内容。事实证明,卡弗蒂的这番言论要通过读它的 transcript 及其汉译文才能(大致)搞懂。而这番话的汉译本(TT)在大陆主流媒体却也是一错再错。

[1] We're in hawk to the Chinese up to our eyeballs because of the war in Iraq.

译文 1:

中国人对我们的敌意吸引了我们的眼球,其中一个原因是伊拉克战争。(来自中国主流媒体)

译文 2:

由于在伊拉克打仗,我们已经把身上几乎所有的东西都典当给了中国。(来自中国主流媒体)

[分析]　译文 1 和 2 都译错了,完全误导了中国大陆读者。

① 译文 1 本身不合逻辑。英文中没有"be in hawk to"这个短语。"to one's eyeballs"意为"深深陷入",跟汉语中的"眼球"、"敌意"没有任何关系。

② 译文 2 也无法说明为何因伊拉克战争美国要"典当"几乎所有的东西给中国。

③ 似乎找不到网民或其他媒体对上述两种译文的质疑。

④ 其实"be in hawk to"应为"be in hock to",即"in debt"(负债)。

⑤ 因此,建议译为"由于伊拉克战争,我们对中国(人)欠下了巨额债务(或:我们欠了中国人八辈子的债)"。

⑥ 译文 1 和 2 的译者对原文缺乏"语境感"(涉及国际局势、国与国关系、英语文字等语境),缺乏"文化敏感度",缺乏"英语语用能力",最终无法达到"跨文化交际的任何效果",这些分析跟上述 9 个视角中的"7、8、9、34"等有关。

[2] So I think our relationship with China has certainly changed. I think they're basically the same bunch of goons and thugs they've been for the last 50 years.

译文 1/译文 2:

所以我觉得,我们跟中国的关系肯定有改变。我认为,他们基本上同过去 50 年一样,是一帮暴徒和恶棍。(来自中国主流媒体)

[分析]　译文 1 和 2 都一样。但对"they"的不同解读导致译文在中国大陆造成极大的民愤,后来被海外律师利用来让 13 亿中国人跟 CNN 打官司,要求赔偿 13 亿美金。

① 笔者以为"they"应(或者完全可以)解读为"中国政府",根据 *Longman Dictionary of Contemporary English*(1998:1603),"they"的一个义项是"the government"。

② 根据上下文,上句提到"China",下句有一个粗略的"the last 50 years"——大致指中华人民共和国成立以来的半个多世纪,所以"they"应解读为(共产党的)"中国政府"。若指"中国人民",那"50 年"显然不合逻辑,起码应从"中华民国"算起。

③ 卡弗蒂本人在"道歉信"中也婉转地对中国媒体误读他的那个"they"表示遗憾。讲英语国家的新媒体(含网民留言)也认为不应将"they"误读为"中国人民"。

④ 我们如果把上下文的面再稍微扩大一些,就会读到主持人 Wolf Blitzer 在 ST 前的那段提问是:"BLITZER: One of the arguments that some of the pro-China elements is making，Jack，is that this is a very different China today than existed 10 years ago, certainly 20 or 30 years ago. This communist regime today is almost like a capitalist regime. They're a huge economic superpower and that we have a lot at stake in maintaining this economic relationship with China. "注意笔者另加的底线，显然可以确定卡弗蒂的"they"是指"中国共产党政府/共产党政权"（communist regime），亦可"具体化"为"这帮/批领导人"/"这个领导阶层"。

⑤ 尽管卡弗蒂的言论基调是"辱华"，然而把"they"翻译正确可以避免无中生有的"民愤"，避免中美（政府及民间）之间不必要的矛盾、冲突与仇恨，以及由此被别有用心的人利用来"扭曲并夸大事实"，进行"大肆的持续的意识形态炒作"，"试图抢官司生意以提升、扩大自己的知名度并大赚其钱"——因为这样做是有违新闻真实与新闻正义的。一般认为：媒体"骂"政府是可以的（我们可以通过新闻评论或专题节目进行"回击"，不必政府自己出面，以损大国形象和气度），而"骂"全体人民/整个民族则是不可接受的，需要对方道歉。

⑥ 结果当事人一直坚持不对那个被误读的"they"表示道歉，因为他没有这样骂全体中国人民（起码在文字上无法抓到"辫子"）。

⑦ 以上分析是基于升级版新闻翻译标准之其中若干项，比如语境视角、语用视角、语义视角、语篇视角、跨文化视角等，给出的初步的TT。该环节涉及新闻翻译标准之"7、8、9、34"，还可包括"35"——根据"升级注解"，"标准34&35应联合运用"。

⑧ 接着，还需根据9个视角中的"12、13、19、21"等进行把关。换而言之，这个TT是否符合"新闻正义"，是否受到不合理的"意识形态操纵"，是否给"国家形象"加分还是减分——这些都是一个新闻译者应该具备的"政治觉悟"素质和确保"政治上正确"的水平与能力。据此给TT定夺：

译文3：

所以我觉得，我们跟中国的关系肯定有改变。我认为，基本上同过去50年一样，这批领导人（或：中国政府）一直就是一帮暴徒和恶棍。

4 结 语

毋庸置疑，CNN缺乏公信力，缺乏新闻正义，违背新闻职业操守，丑化、妖魔化中国的过分行径在2008年这桩辱华事件中昭然若揭。然而，有必要加以澄清的是：CNN的有关评论员并未公开使用话语与全体中国人民为敌。我们国内媒体的误读在当时引起了不必要的"仇恨"，对中美关系的和谐显然是不加分的，对融入全球共同体的中国坚持新闻正义、维护大国形象并对保持专业学术之客观性、严肃性等也是不加分的。要对CNN辱华案例重析并下一个实事求是的结论，用传统的新闻翻译标准还远远不够，而运用升级版的翻译标准则具有较强的解释力和说服力。

参考文献

[1] 吴波，朱健平.新闻翻译：理论与实践.杭州：浙江大学出版社，2011.

[2] 刘其中.英汉新闻翻译.北京：清华大学出版社，2009a.

[3] 刘其中.汉英新闻编译.北京：清华大学出版社，2009b.

[4] 许明武.新闻英语与翻译.北京：中国对外翻译出版公司，2003.

[5] 袁丽梅，何刚强.中—英译写要兼顾"达意"与"漂亮"——Shanghai Daily 原主编张慈赟访谈论.上海翻译，2015，（2）.

[6] 张健.新闻翻译教程.上海：上海外语教育出版社，2008.

[7] Bielsa, E., & Bassnett, S. Translation in Global News. 上海：上海外语教育出版社，2011.

[8] Scollon, R., & Scollon, S. W. International Communication: A Discourse Approach. 北京：外语教学与研究出版社，2000.

[作者信息] 陈刚，职称：教授、译审，就职于浙江大学外国语言文化与国际交流学院（School of International Studies, Zhejiang University），从事翻译学、跨文化（旅游）翻译、导译、新闻编译等各种应用翻译研究，文学翻译、口笔译教学等。

中国佛教翻译中儒家文化的同化作用①

淮阴师范学院　高　雷

摘　要：佛教作为一种宗教文化,起源于印度,后来通过翻译的途径传到了世界各地,并在中土发达起来。中国佛经的译介始于西汉,然后经过三国、两晋、南北朝等朝代的儒化,最终在唐代完成了它的儒化过程,完全融入了中土文化,宋代延续了这一儒化进程。在翻译策略上,两汉时期以异化为主,致使译典游离于中国的传统文化之外,影响了佛教的传播。后来,佛典译者借助道家文化,采取归化的策略,接近中土文化,逐渐向儒家文化靠拢,最终使译典在教义和语言风格上完全得以儒化,使得佛教成了中国传统文化重要的组成部分。

关键词：翻译;儒家文化;佛教

佛教创立于公元前六至五世纪的古代印度。公元前三世纪,印度阿育王后期,大兴佛法,佛教遍及印度全境,并传至西域一些国家及中国的于阗地区。佛教的教义主要是关于因果、修行和生命、宇宙的本源。前者注重实践和道德上的行为规范,后者注重信仰和思辨方面的本体追求。佛教虽起源于印度,却兴盛于中土,在传播中土的过程中,佛教所承载的文化形式、所体现的民族心理和风俗习惯,以及对世界的本体认识都受到了儒家文化的同化。梁启超说："佛教传自印度,其根本精神为'印度的',自无待言。虽然,凡一教理或一学说,从一民族移植于他民族,其实质势不能不有所蜕化,南北橛枳,理固然也。"(梁启超,2001:149)两汉时期,佛经译者主要是西域人,翻译方法以直译为主,译文质朴难懂。这一阶段,佛教初次踏入中土,不可能立即得到儒家这一正统文化的接纳。因而,佛教依然被当做异域文化。从三国至隋朝,佛经译者以中土人士为主,为了求得佛教的发展、壮大,佛典译者采取了自下而上、由民间再到官方的迂回策略,先是借助道教来求得立足,然后附儒而行。在翻译策略上,以归化为主;在概念译述和语言运用上向中国经典靠拢。在这一时期,佛教

文化和中土文化相互吸收、相互适应。从唐代贞观至贞元的 1000 年左右的时间里,佛经的汉译持续受到了儒家文化的同化,译典在语言和风格上完成了它的儒化进程,使得佛教终于成了中华传统文化重要的组成部分。

1　借道入汉

佛教从西域地区传入中土,是在公元前后的两汉时期,这是两地文化和经贸往来的结果。学术界一般认为,大月氏王使臣伊存口授《浮屠经》,为佛教传入中土之始。两汉时期,各种思想和信仰盛行于世,随着同西域地区交流的不断深入,佛教便随西域人士进入中土。在当时思想、信仰开放的社会大背景中,翻译佛经便成了时代的需要。

佛经译者首先是西域人,他们没有主动去适应中土的主流文化,而是希望佛经的翻译要忠于原义,传达出佛的要旨,在翻译方法上主要是照顾原文的直译,"对佛教经典抱有虔诚态度,惴惴然惟恐违背经旨"(马祖毅,2001:33)。东汉末年,安息人安世高是中国佛教史上一位重要的人物,他翻译的佛经有三十五部,其中《大安般守意经》、《人本欲生经》、《阴持入经》、《道地经》等,开后世禅学之源。他创

①　本文系作者主持的教育部青年基金项目"翻译的价值哲学研究"(批准号 13YJC740024)的阶段性成果之一。

办佛经翻译的译场,主张以直译为主,譬如,他把"受"译为"痛";"正命"译为"直业治"等,致使所译佛典质朴难懂。

东汉时期,另一位僧人支娄迦谶,大月支人,他翻译的佛经属大乘佛教,其中《道行般若经》开后世般若学之源,他的译典"辞质多胡音",译文不求文采。这种"后顾式"的翻译使人费解,不利于佛教在新的文化中传播。为了方便传教,佛经译者开始关注中国文化,寻找佛教和中国文化的契合点,试图调和两种文化的关系。为此,支娄迦谶开始在佛教教义和概念的翻译方面,汲取道家的思想,例如,他把"真如"译作"本无"、"自然"、"朴"等,把"性空"视为终极真理,把"缘起"当作"性空"的表现。通过道家文化来译述佛典,可以降低中土人士对佛教这种外来文化的陌生感,"把佛教思想和传统思想联系起来,使译本归化于中国传统文化,却又大大方便了佛教的传播,它不仅使佛经译本易于在文化心理上取得接受者的认同,而且也使译本在鲜明的本土形式里易于为接受者理解"(傅小平、郑欢,2002:203)。

三国时,大月支人支谦,从小就接受中土文化的影响,精通汉语和中土文化,他站在佛典接受者的角度去审视以往的译典,觉得这些译典的义理过于晦涩,文风过分质朴,难以流传。事实上,早期的佛典翻译一直存在着两难的选择,太过忠实于原典习惯便难以融入中土文化,迎合中土文化又冒着违反佛教教义的危险,这就是佛经翻译史上的"质"与"文"的关系。

如果译典不能在中土文化中生存和流传,奢谈保存佛典的质也就没有多大的意义。为此,支谦主张调和译典"文"与"质"的关系,他开始用意译代替胡音,例如,他把《摩诃般若波罗蜜经》译为《大明度无极经》。为了使译典适应中土文化,他还把佛教中的人名意译成汉文,如把"须菩提"、"舍利弗"译为"善业"、"秋露子"。另外,他翻译的佛学概念几乎都是来自道家理论。在佛典翻译中借用大量的道家术语,一方面可以证实道家文化的影响力,另一方面也可以证实佛教文化与道教文化的诸多相似之处,同时,也说明,借用道家术语可以标志着佛教中国化的开始。佛典翻译求"文"便成为后来佛经翻译的总趋势。

东晋道安在他的《摩诃钵罗若波罗蜜经钞序》里提出了著名的"五失本,三不易"的翻译理论,总结了印度佛经在翻译为汉语的过程中语言方面所发生的变化,同时,他也指出,这种失去原文本色的变化是必然的,只有"失本"才能适应汉语的特点,这种翻译策略就是"归化"。道安生长在中国传统文化环境中,精于中国文化,他对佛教教义的阐释都是建立在《老子》《庄子》以及贵无派玄学的基础之上,所以,他的佛学思想中"既有神通的幻想,也有持道干预社会生活的理想,更有严于受戒律己的要求,所以既不同于贵无派玄学,也不全同于佛教的本来思想"(杜继文,2008:145)。他的佛学思想是一种"道"化的思想,通过这种方式,所译佛典才能适应中国的"水土",然后自下而上,与中国的主流思想接轨。"中国佛教史,当以道安以前为一时期,道安以后为一时期。前此稍有事业可纪者,皆西僧耳。本国僧徒为弘教之中坚活动,实自安始。前此佛学为沙门专业,自安以后,乃公之于士大夫,成为时代思潮。"(梁启超,2001:6)

东晋以来的佛经翻译家,为了使译典达到中国化的目的,在很长时期内,常常采取"格义"的翻译方法。所谓"格义"翻译,就是用《老子》、《庄子》、《易经》里的哲学术语来译述佛学概念。因而,中土老庄学派比较发达的地区,便成了中国佛教发育、发展的基地。借道入汉只是佛教中国化的第一步,要成为中国的主流文化,佛教还必须向儒家文化靠近,接受儒家文化的同化。事实上,佛典前期翻译中的道化,在思想内容和翻译方法上,为其后来儒化奠定了良好的基础。

2　附儒而行

有文化的居士在早期佛教的儒化过程中起了重要的作用,他们擅长儒学等中国传统学术,因而,在译述佛典时,便自觉或不自觉地依附儒家思想。此外,随着佛教信仰者的增多,佛教在全国范围内得到了多方位的传播,它渗透到了社会的各个阶层和领域,广大信教群众也渴望获得相应的权利。因而,他们需要儒家政权的支持,而作为国家意识形态的儒学也需要不同思想的支持,以便获得广泛的政治基础。在这种情况下,两者的结合就有了它的社会语境。当然,佛教和儒教之间也存在着一定的张力,这种张力常表现为两者之间持续不断的争论。但总体而言,两者都有需要彼此的愿望。就佛教而言,只有依附儒教,才能走得更远。

要依附儒教,就必须用儒家思想来译述佛教教义或论证佛教和儒教的一致性。三国时,印度僧人康僧会在他翻译的《六度集经》中,用佛教的菩萨行发挥了儒家的"仁道"说。他曾与三国东吴的末代皇帝孙皓就佛教教义进行过讨论,《高僧传·康僧会传》中记载:

皓问曰:佛教所明,善恶报应,何者是耶?

会对曰:夫明主以孝慈训世,则赤乌翔而老人见。仁德育物,则醴泉涌而嘉苗出。善既有端,恶亦如之。故为恶于隐,鬼得而诛之;为恶于显,人得而诛之。《易》称:"积善余庆";《诗》咏:"求福不回"。虽儒典之格言,即佛教之明训。

从康僧会的对答中,我们不难看出,他以儒家的"孝"、"仁"、"善"等概念来论证佛教的因果和修行理论。他还说,儒家经典中的格言就是佛教的明训,他把佛学和儒学融合在了一起,可以说,从康僧会起,佛教就开始了它的儒化进程。

康僧会以后,有很多中国僧人开始从事佛经的翻译,像道安、法领、知严、宝云、智猛、法显、彦琮等,而且产生了重大的影响。不少佛典译家依据儒家思想来译述佛经,推动了佛典的儒化。此外,佛教的道化也促进了它的儒化进程。

东晋慧远,精通儒学,旁通老庄。"慧远继承了道安研习和弘扬佛教的根本学风,一方面广为介绍外来佛典和外来思想,以求准确把握佛教本意;另一方面坚持佛教必须适应'今时'习俗需要,不惜'失本'地将其纳入我国传统文化的轨道。"(杜继文,2008:162)慧远尤其将以"孝"道为核心的宗法观念同佛教的"自性不空"、"法体恒有"结合起来,"慧远在中国佛教史上的主要贡献,在于将佛教同儒家的政治伦理和道家的出世哲学协调起来"(同上)。东晋玄言诗人、佛学家孙绰的名著《喻道论》也对佛教教义和儒家思想进行了调和。书中认为,佛教和儒教的关系即是"方内"和"方外"的关系,两者在本质上是一致的。他的主要结论是:"周孔即佛,佛即周孔,盖外内名之耳。"在佛典翻译的组织形式方面,"从鸠摩罗什开始,佛经的翻译已正式成为封建王朝的宗教文化事业,由国家提供巨额资金,组织巨大人力,这样就由早期的私译转入官译,由个人翻译转入集体翻译,译场的形式正是其明显的标志。"(颜洽茂,1997:23)这种官方组织的译场进一步促进了佛典翻译的本土化,确保了译典思想的儒化方向。

南北朝时期,佛教与儒教、道教的深层次冲突加剧,深层次融合也在加剧。在这种激烈的文化交融过程中,佛教扩大了它的影响。南北朝时期是中国佛教史上产生译者与译典最多的时期,据《开元释教录》记载,从南朝宋永福元年(420)到陈后主祯明三年(589),共有67位译者,译典750部,1750卷。印度梵文佛经原典一般都有散文和偈颂两个部分,汉化以后,佛经在语言和文体上呈现了新的形式,既不同于原来的文体,也不是彻底的中土文体,"就是译经以华语固有的语言因素和风格为基础,又掺和了相当分量的原典的词语、文法和风格,形成了华梵交错的新文体"(颜洽茂,1997:41)。至此,佛经翻译在内容和形式上已得到了很大程度的儒化,通过附儒而行,佛教的影响力逐渐增强,佛教文化逐渐渗透到了中国人社会生活和文化生活的各个层面。

3 儒佛交融

佛教通过附儒而行，自身得到了壮大，地位得到了显著提升。同时，其教义的中国化，尤其是儒化的程度也逐渐加强。隋朝的建立结束了近300年的战乱和分裂，进入中土的各民族，已经基本上与汉族融为一体。隋文帝汲取了以往帝王立佛、废佛的经验教训，力图建立以儒学为核心，以佛、道为辅，协调三教的政策。这样，以儒家为主体，兼容佛、道思想的文化格局基本稳定下来了。进入唐代，儒、佛、道三教并行，佛教进入了繁荣阶段，佛教的儒化进程趋于完成。这时期翻译过来的佛教典籍非常丰富；同时，中土又创立了不少中国化的新宗派：如天台宗、法相宗、华严宗、禅宗、三论宗、净土宗、律宗、密宗等。其中，"禅宗的南宗在唐时勃然兴起，与中国的老庄哲学和儒学相结合，宣扬主观唯心主义，主张我即是佛，心外无佛，发展到后来'逢佛杀佛，逢祖杀祖'，推倒一切外在的佛和佛法，不持戒，不坐禅，不读经，但求顿悟，把佛教改造得完全适合中国士大夫的口胃"（马祖毅，2001：78）。南宗禅学确立之后，儒、佛两家才最终获得调和，到了唐末五代时期，南宗的曹洞宗派提倡"臣奉于君，子顺于父"、"修己行孝，以合天心"等禅宗思想，体现了与儒家思想的彻底融合。此外，佛教宗派所关注的修行、生命和宇宙理论也成了中国传统文化所关注的问题或者本来就是中国传统文化所关注的问题。这样，佛教与中国人的精神生活和道德取向紧密地联系在了一起。

隋唐时期佛经翻译以中国僧人为主，他们既通晓梵语，又谙熟中国文化，在翻译策略上以中土经典为指向，在教义思想上融合儒、释、道。佛经翻译到了唐代才真正成熟起来，翻译制度也逐渐成熟，譬如，玄奘主持的国家译场，分工细密，有译主、笔受、度语、证梵、润文、证义、校勘、监护等项，在佛经翻译史上影响深远。此外，佛经翻译的目的性和系统性都显著增强。就目的性而言，"中国的每一个思想宗派都从治理社会的实际功效中抽绎存在的价值，也就是要能有益于'治'和'教化'。为了证明佛教存在的'功利性'和合理性，护教者必须迎合这种思维模式"（许里和，1998：442）。就系统性而言，"按佛典的传译现状区分为一译、异译、失译、别生、疑惑、伪妄六类，构成一个五大类、十二小类、三十六细目的较为严谨的编目体系"。唐时，印度佛教的整个体系已基本为中国僧侣所掌握，奠定了后来藏经编目的基础。

唐代译经有两个鲜明的特点，一是重译多，二是密教多。重译的主要原因有如下两个：（1）先前的译经多照本直译，但在文字和文本的处理上，作了一些改变，以便适应汉文语法，再进行整理修饰，因而，在佛教教义上难免有所增损。（2）唐代有了齐全的梵本佛经，数量超过以往任何朝代，这为佛经的重译提供了丰富的源语材料。许多佛经已有译本，但有的篇幅不全，有的文义不备，所以必须重译，订正前失，使之臻于完善。就密教翻译而言，这是隋唐时期佛经翻译的一大特色。唐初的佛经翻译家，包括玄奘，没有不译介密教典籍的。他们在译介的时候，多采取归化的策略，往往借用中国传统的道术、儒术和民间巫术，使得所译密教带有强烈的本土特色。像在《安宅神咒经》中，不但有日月五星、二十八宿、青龙白虎、朱雀玄武等道教神祇，而且有"百子千孙，父慈子孝"等儒家思想。

梁启超曾发出疑问，"隋唐以降，寺刹遍地，梵僧来仪，先后接踵，国中名宿，通梵者亦正不乏。何故不以梵语，渤为僧课？而乃始终乞灵于译本，致使今日国中，无一梵籍"（梁启超，2001）其缘由大概是，佛经已经完全地中国化了，其呈现也必定要以中土文字的形式，况且，佛经内容已经不单是印度源典的内容，所译佛经皆是儒、释、道思想的大融合。梵语佛典不仅形式上是"他者"，而且内容上也是"他者"，同时，梵语佛典由于语言的障碍也不利于普及，所以，梵语佛典没有其生存的土壤和空间，逐渐失去了存在的意义和价值。

唐以后，佛教的儒化还在继续，并以此博

得了统治者的支持。例如,"宋朝佛教为了取得统治者的欢心,积极向儒家靠拢,提倡忠君爱国,吸收忠孝节义作为自己的教义"(陶全胜,2004:109)。此外,"世俗化是中国佛教的总趋势,流传到宋,则增添了许多新的特点,这就是从泛泛地提倡救度众生,转向实际地忠君爱国;从泛泛地主张三教调和,转到依附儒教的基本观念"(杜继文,2008:419)。例如,宋初延寿在他的《万善同归集》中说:"文殊以理印行,差别之义不亏;普贤以行严理,根本之门靡废。本末一际,凡圣同源;不坏俗而标真,不离真而立俗。"智圆的"三教合一"说,则强调儒、释的一致性:"夫儒、释者,言异而理贯也,莫不化民,俾迁善远恶也。儒者饰身之教,故谓之外典也;释者修心之教,故谓之内典也……吾修身以儒,治心以释,拳拳服膺,罔敢懈慢。"(《闲居编》卷一九《中庸子传上》)

4　结　语

中国佛教虽然与印度佛教有着渊源和继承关系,但自其译介的时候,就经受着中国文化环境的选择,佛教要在中土的文化生态中求得生存和发展,就必须适应中土的文化环境。因而,佛经译者在翻译佛教教义和语言的时候,便采取了归化翻译的策略。在教义上加强同儒家等中国传统文化的融合,在语言上学习中国的传统经典。此外,佛教在译介的过程中追求通俗化和平民化,这也极大地促进了佛教

在中土的广泛传播。由于佛教在思想和形式两个方面完全融入了中土文化,这使得中国佛教产生了有别于印度佛教的精神面貌,佛经的译介过程就是它被中国传统文化重构的过程,而它本身也逐渐成了中国传统文化重要的组成部分。佛教翻译的儒化过程可以给我们这样一个启示:译介异域文化时,我们必须要有自己的文化根基,盲目地拿来,或生吞活剥地引进,不会增强我们的文化实力,甚至还会破坏我们的文化环境!

参考文献

[1] 梁启超.佛学研究十八篇.上海:上海古籍出版社,2001.

[2] 马祖毅.中国翻译简史.北京:中国对外翻译出版公司,2001.

[3] 傅小平,郑欢.佛经翻译与中国传统思想文化——从文化交流看翻译的价值.西南民族学院学报:哲学社会科学版,2002(08).

[4] 杜继文.佛教史.南京:江苏人民出版社,2008.

[5] 颜洽茂.佛教语言阐释——中古佛经词汇研究.杭州:杭州大学出版社,1997.

[6] [荷兰]许里和.佛教征服中国.李四龙、裴勇等译.南京:江苏人民出版社,1998.

[7] 陶全胜.佛经翻译策略与佛教的中国化.安徽理工大学学报:社会科学版,2004(02).

[作者信息]　高雷,淮阴师范学院外国语学院教师,主要从事翻译研究等研究工作。

框架语义学在王佐良《雷雨》英译中的指导性语用研究①

南通大学 林海霞 徐春霞

摘 要:框架语义学属于认知语义学范畴,是认知语言学的一个重要分支。认知语言学主要是关于人类思维的研究,人类思维中的背景知识、经验、记忆等与翻译活动中原文的输入、理解、记忆、转码以及最终产出都有着紧密的联系。背景知识的不同、理解结构的差异导致同一语义激活的是认知主体的不同的认知框架,从而导致翻译结果的迥异,使译文质量大受影响,因此认知语言学对翻译具有明确的指导意义。对框架语义学理论以及框架的正确理解和使用,涉及文学翻译系统的最佳模式产出,所以将框架语义与文学翻译结合起来研究,将会大大促进文学翻译效果。本研究试图通过把翻译实践结合框架语义学对曹禺剧本《雷雨》王佐良英译本《雷雨》的翻译过程进行分析,旨在发现框架语义学对《雷雨》翻译的指导作用。

关键词:框架语义学;《雷雨》;戏剧翻译

1 引 言

戏剧翻译是翻译研究中比较特殊的领域。"译无定规",戏剧翻译尤其需要译者洞悉戏剧的文体特征和娴熟的语言驾驭能力。根据纽马克(Newmark)的文本分类法,戏剧是严肃的文学作品,属表达功能文本(Newmark,2001:39)。作为文学翻译的特殊领域,戏剧具有以动作和语言为基本要素用于舞台表演的特点,要兼顾戏剧翻译的"舞台性"、"观众性",特殊翻译采用特殊翻译策略,达到目标语译文对译文观众的效果与原著对原文观众的等值,即原文与译文的语用等效。"译本无注性"特点为戏剧翻译提出了更高的要求。

曹禺戏剧作品《雷雨》作为一部文学巨著,王佐良译本 Thunderstorm 能在西方被广为接受并享有盛誉,证实了王佐良非凡的翻译理论和实践水平(Cao Yu,1978)。对文学巨著《雷雨》研究论文从 20 世纪 70 年代至今大约有 1 万多篇,其中有 200 多篇从英语语言学的角度对《雷雨》英译本进行研究。将语言学理论运用于《雷雨》翻译研究的,主要运用的理论为关联理论、顺应理论等,例如:田婧的《从目的论视角看王佐良英译〈雷雨〉》(2009)和包磊

的《从美学视角看〈雷雨〉的英译——以王佐良译本为例》(2009)等,其运用理论指导思想并不涉足认知语言学。从语言学的角度对《雷雨》英译本进行研究的主要有李艳的《从〈雷雨〉英译本看关联理论对文化语境的解释力》(2007)和陈静《关联理论视角下〈雷雨〉英译本的对比研究》(2009),主要论证的思想为:关联理论,作为交际双方明示—推理的过程,对《雷雨》中涉及的文化语境的翻译过程所起的推理演绎作用,有助于发现原文与目标语读者或观众中间的最佳关联从而导出最佳翻译成果。

谭文慧的《关联顺应模式下的〈雷雨〉英译本研究》(2012)指出,翻译过程中,要根据上下文语境的需要,顺应译文需要做出适当调整,从而产出合理译文。上述《雷雨》译本语言学视角研究成果而言,基本没有从框架语义学的角度对《雷雨》翻译的研究成果,而且大多数研究成果往往注重的是翻译的结果,而不是翻译过程中语言学指导性研究。

翻译等效应该是建立在人类思维模式的研究基础上的,即跟翻译结果息息相关的翻译过程,是概念体验化和认知加工过程,因此从框架语义学的角度研究翻译是一个独特的视角。框架语义学对翻译的指导性语用的作用,

① 基金项目:江苏高校哲学社会科学研究项目(2014SJB616)。

一个领导所特有的权威以及表达对鲁大海这样一个人微言轻的年轻工人出言不逊的愤怒和不屑;而年轻的周萍作为晚辈,语言力度显然比不上父亲的威严,他的"胡说"以一句完整的问话出现:"How dare you like that?!"通过表达的完整性来增加语言和语气的强度,表达对跟他同龄的年轻人对父亲语言不敬的不满和质问;鲁妈对儿子的质问,则是出自母爱的责骂,对儿子被逼无奈不得已要离家出走的决定的否定,责怪儿子这样做实在是"胡说(太傻了)",故翻译成"Don't be silly!"实在是恰当不过。而对儿子拿起手枪要跟周家同归于尽的抉择,一句"nonsense"(incredible,荒谬,荒唐)把鲁妈对儿子的鲁莽决定的复杂情绪和痛苦感情翻译得精确到位。权力框架对戏剧舞台上的人物对话之间的台词翻译具有明确的指导作用。

再如《雷雨》剧幕:

周　萍:(怒)你混账[1]!(第二幕,p105)

鲁大海:你的手段我早就领教过,只要你能弄钱,你什么都做得出来。你叫警察杀了矿上许多工人,你还——

鲁大海:你们这些混账东西[2],放开我。我要说,你故意淹死了两千两百个小工,每一个小工的性命你扣三百块钱!姓周的,你发的是断子绝孙的昧心财!你现在还——(第二幕,p106)

……

鲁大海:哼,你的父亲是个老混蛋[3]。(第三幕,p130)

……

鲁　贵:混账[4]。我吃完饭总要喝杯好茶,你不知道么?(第三幕,p117)

1. You insolent scoundrel!
2. You hooligans!
3. Your father's an old swine!
4. What the devil do you mean?

权力框架可以阐释发话人的言谈举止、交流方式会因为不同的社会地位而产生巨大差异,尤其是同一话语所指,会因为地位不同、阶层不同而产生不同的内涵。以上几个"混账"、"混账东西"、"混蛋",要翻译出其中的内涵,需要深切领会发话人的社会地位、所处阶层。受框架理论的指导,我们寻找相应的框架结构:(1)周萍骂鲁大海(骂的对象是自己的亲兄弟,虽然自己并不知情)。(2)鲁大海骂周萍和他的手下。(3)鲁大海骂周朴园。(4)鲁贵骂鲁大海。再细化分类它们的框架结果分别为:兄责骂弟,弟责骂兄及其手下,员工怒骂上司,父亲叱骂儿子。

平辈之间的打骂毫不忌讳,心里想什么嘴里说什么。周萍骂鲁大海"无礼的恶棍",竟然这样的语气跟他说话?! 对应的英文为 insolent(无知无礼的)scoundrel(流氓,恶棍)。来自社会底层的鲁大海没有接受过文化教育,对周萍直接破口大骂,"You hooligans(你们都是无赖)",将周朴园董事长的罪行一一列举。第三个"你的父亲是个老混蛋"是剧本第三幕的情景对话,周冲来找鲁四凤,鲁大海一看是董事长的儿子,开口便骂:"Your father's an old swine!"(老狐狸,下流胚)译者把鲁大海对榨取百姓血汗钱的董事长周朴园的厌恶和憎恨之情展现得一览无遗。"What the devil do you mean?"意思为"你个兔崽子,你他妈的什么意思?"在"What do you mean?"的基础上加上个语气助词 the devil(他妈的),更强烈地表现出了鲁贵的无知无识和恬不知耻的小人个性。正是在框架理论的指导下,译者才能对同一发话话语的翻译做到不"一视同仁"、不"眉毛胡子一把抓",做到具体框架具体翻译,根据发话人的具体身份和处境以及发话对象,恰当合理地译出发话话语的内涵和所指,完成语言交际的目的,达到交际中的语用等效。

3　《雷雨》英译本中事件框架的应用

正如费尔默本人在《框架语义学》一文中所说:"框架语义学提供了观察词语意义的一种特别的方式,同时也试图刻画一种语言产生新词和新短语,以及向已有的词语里增加新的意义,或将一段文章中各成分的意义组装到一起,从而形成整篇文章的全部意义等所需要遵循的原则。通过'框架'这个术语,我在脑海中建立起了全部的概念系统。理解一个概念系统中的任何一个概念,必须以理解它所适应的整个结构为前提。"(Fillmore,1982:111)

"意义"是翻译研究的关键所在(Bell & 王克非,2005:105)。意义由框架来决定,事件框架决定此框架中人物语言不同于普通交际下的内涵,此时框架具有举足轻重的作用,直接决定发话者发话的真正意图。"事件框架"可以包括"吵架事件"、"商讨事件"、"买卖事件"等,"吵架事件"涉及的场景有:"质问"框架结构、"质疑"框架结构、"辱骂"框架结构等。对词汇和语言的理解必须借助框架,交际双方的正确理解是因为彼此能够判断当前交流语境所涉及的是哪一个"框架"以及具体到"框架"下的哪一个框架结构,这就引导译者在翻译过程中,虽然面对的是对同一个中文发话(如下文的"你是谁?"),因所涉及的框架结构不同,它们的内涵截然不同,必然不能无视上下文语境笼统翻译其意义。

事件框架属于语境—框架范式,其中的语境包括从文化背景、社会机制、个人经历中抽离出来的各种标准场景,而语言框架就是对话双方在认知各种场景过程中逐步习得而来。原文—译者(中介)—目标语观众(读者),译者作为原著与目标语观众之间的中介,必须熟知原文与目标语观众之间存在的相关共同认知背景,才能成功地译出原文当中源语所包括的语境内涵,达到原文对观众和译文对目标语观众产生的语用等效。

例如《雷雨》第二幕:

鲁大海:(惊,怒)怎么矿上警察开枪打死三十个工人就白打么?哼,这是假的。你们自己作假的电报来离间我们的。哼,你们这种卑鄙无赖的行为。

周　萍:(忍不住)你是谁[1]?敢在这儿胡说!(p105)

……

周朴园:萍儿!没有你的话!……

……

鲁侍萍:哦,这真是一群强盗。(走到萍面前,抽咽)你是萍,——凭,——凭什么打我儿子?

周　萍:你是谁[2]?(p106)

鲁侍萍:我是你的——你打的这个人的妈。

1. Who do you think you are!

2. Who are you?

此处可以引用罗霍(Rojo)的框架分类学(2002a;2002b),在这个"事件框架"中,人们在争吵,从而导致同一话语所包含的内涵大有不同。"争吵事件"框架中,周萍的这句"你是谁",并非真正在询问对方是谁,而是在质问对方"你以为你是谁?!"竟然在我家这么猖狂、肆无忌惮、口无遮掩,未免太大胆了吧。属于"争吵事件"中的"质问"框架结构。"Who do you think you are?"把这句话包括的内涵表达得恰到好处,其主要意图是为了向对方发出警告,这样一个底层社会的下人,是不能以这样的态度跟自己的老板说话的!事件框架下,决定了此处的"你是谁?"不能用常态的语言框架和背景,吵架事件激活了译者头脑中的语言框架和场景,成功传达了发话者对对方的不满和质问。第二个"你是谁?"不同于第一个,属于"争吵事件"中的"质疑"框架结构。当鲁侍萍走上前去,忍不住想说:"你是(我的)萍儿?!"但立刻意识到自己此时的身份是不允许也不能认这个儿子的,立刻打住并改口道,"你是萍,——凭,——凭什么打我的儿子?"鲁侍萍灵机一动,利用"萍"和"凭"的谐音,及时止住了话题,而在周萍看来,这是一种质问,他很奇怪,他想知道这位中年妇女是谁,怎么平白无故在我周家,而且以这样的语气发话?于是直截了当地问道:"Who are you?"如此翻译,把周萍的疑惑表现得一目了然,非常精确传神。"事件框架"决定人们说话和做事的方式的不同以及发话内涵的迥异,对台词翻译具有指导作用。

再如《雷雨》剧幕:(p30)

……

鲁大海:他们三个就骗了我,这三个没有骨头[1]的东西,把矿上的工人给卖了。(第二幕,p105)

……

鲁 贵:走,走,你让他走,这孩子就这点穷骨头[2]。(第三幕,p117)

……

1. ... the spineless rats ...

2. ... cocky young whipper-snapper!

框架理论指导下,译者要分别译出鲁大海对工人同事的辱骂,鲁贵对儿子鲁大海的叱骂;三个工人"没有骨气、没有脊梁骨",鲁贵眼中鲁大海的年轻气盛、傲慢自大。所处的框架分别为:(工人代表对工人)辱骂事件框架结构、(父对子)叱骂事件框架结构,以此类推分别译成:the spineless rats(没有骨气的东西);cocky young whipper-snapper(傲慢无礼的年轻人)。具体事件框架激活了译者对当时具体场景的再现,具体事件框架决定交际双方具体情感表达的内涵和方式,决定了译者必须采取不同的翻译策略,才能成功地译出交际双方交流内容达到交际目的。事件框架对台词的恰当翻译具有指导意义。

4 《雷雨》英译本中"人际交往框架"的应用

费尔默早在1985年将框架定义为"独特的,统一的知识框架或相关的系统化的经验"。1992年则修正为框架是"词语对概念进行编码时的认知结构等,其知识是词语表达概念的先决条件"(Ungerer & Schmid,2001:209)。框架知识是表达词语概念的先决条件,人际交往框架激活译者相关的语言框架和场景,人际交往框架关联的场景主要有:交际双方、交际内容、方式、场合以及交际目的和结果。

在交际过程中,如果双方有共同的认知背景,其交流的语言框架和场景即能在彼此头脑中激活,从而产生共鸣顺利完成交流目的。其中任何一个要素都起着决定性的作用,即使同一发话内容,也会因为发话者的角色不同、场合不同、交际目的不同,而激活不同的概念、产生不同的含义,所以框架和场景在语言意义理解中起着重要的意义,正如费尔默所言,"要理解语言的意义,就得了解和识别语言系统中大量的框架,以及了解哪些语言选择与它们相关联"(Fillmore,1976:25)。在这种理论的指导下,合适的框架决定对语言意义理解的正确与否,在正确理解交际双方交际发话含义的基础上,中介方通过言语转码成功地向目的语观众转达原著内涵,顺利实现翻译的语用等效。

例如《雷雨》剧幕:

周朴园:冲儿,上哪儿去?

周 冲:到楼上看妈妈。

周朴园:就这么跑[1]了么?(第一幕,p65)

……

鲁侍萍:(见萍惊立不动,顿足)糊涂东西!你还不跑[2]?(第三幕,p143)

鲁贵上。

鲁 贵:他走了?咦,可是四凤呢?

鲁大海:不要脸的东西,她跑[3]了。(第三幕,p143)

鲁侍萍:我的孩子,我的孩子,外面的河涨了水,我的孩子。你千万别糊涂!四凤!(跑[4])(第三幕,p143)

……

1. Just like that? Where are your manners?

2. Don't just stand there, waiting for the fists to beat you.

3. She's bolted as a rabbit.

4. She goes to run.

在人际交往框架中,交际角色是重点,因意图不同而导致谈话方式完全不一样。以上会话之中,第一个是"封建统治社会下的父对子"关系;第二个是"母爱护翼下的母对子"关系,后面两组分别对应兄妹和母女的人际交往关系框架。在四个不同框架关系体系下,同一"跑"字,对应不同的语境信息。周朴园,作为大户人家的权威之主,一句问话足以表达对儿子仓促无礼离开的不满和责怪,言外之意是儿子怎么可以就这样离开,一点礼节都没有?第二个"跑"字,鲁妈是在提醒儿子不能就站在那儿等着挨板子,所以译成"Don't just stand there, waiting for the fists to beat you."而当鲁大海谈及妹妹的"跑"字,"She bolted as a rabbit."非常形象地表达了哥哥对妹妹逃脱表示不满的情绪。此外,中文里有成语"拔腿就跑",当鲁妈听说自己的女儿跑了,想起外面雨大水深,女儿深处危险关头,母亲心急如焚,拔腿就跑去追。所以翻译成"She goes to run."恰如其分,生动传神。建立在不同人际关系之下的同一发话,会有不同的所指和理解。人际交往框架对戏剧台词翻译同样具有明确的指导意义。

再如《雷雨》第三幕:

鲁侍萍:大海,你别动,你动,妈就死在你的面前。

鲁大海:您放下我,您放下我!(急得跺脚)

鲁侍萍:(见萍惊立不动,顿足)糊涂东西[1],你还不跑?

鲁大海:抓住他,爸,抓住他。

鲁侍萍:(见萍已跑远,坐在地上发呆)哦,天。

鲁大海:妈!妈!你好糊涂[2]!

鲁贵上。

鲁　贵:他走了?咦,可是四凤呢?

鲁大海:不要脸的东西,她跑了。

鲁侍萍:我的孩子,我的孩子,外面的河涨了水,我的孩子。你千万别糊涂[3]!四凤!(跑)

1. You fool! (p143)

2. What an idiotic thing to let him run away. (同上)

3. You mustn't do it! (同上)

以上的对话要译出的情感分别为:鲁侍萍对周萍的嗔怪,让他快逃,不要挨鲁大海一怒之下的拳头之苦;鲁大海被妈妈抱住眼睁睁地看着仇人跑了,对妈妈无奈的责怪和气恼;鲁侍萍对女儿四凤的担心。对应的交际框架分别为:母对子的恳求、子对母的责怪、母对女的担忧。母亲责怪拳头面前不知道逃脱的孩子是个傻瓜(You are a fool! 你个傻孩子,快逃。)、儿子责怪妈妈做了傻事让别人逃脱(What an idiotic thing to let him run away.)、母亲禁止女儿做傻事(You mustn't do it.)。译者细致地理解了不同的人际交往框架下交际双方交流发话所包括的情感和涵义,并以此框架理论为指导,选择具体翻译策略,规避了硬译死译的尴尬,在读者和观众面前成功地再现原作品中的精彩画面。

5　结　语

按照认知语言学观点,句子具有认知基础,句子的意义由认知、语义、语用等因素共同构建,因此,要实现句子层面的意义从源语到目的语的再现,将构建句子意义的认知因素纳入研究范畴,当属必然。既然语言的本质是认知的,难么句子层面的翻译研究也就应该是以认知为取向的(肖坤学,2006:67)。认知语言学最终的目的是阐释认知的过程,概念框架和推理能力,以及语言是如何反映它们的(朱晓敏,2010:16)。框架语义学中的框架对戏剧台词的翻译实践具有指导意义。以上三个框架及其所适用的例文更好地体现了美国语言学家费尔默的观点,即,所有的概念系统都是通过框架建立起来的,理解一个概念系统中的任何一个概念,必须以理解它所适应的整个结构为前提。当这样一个概念结构中的诸多概念中的一个被置入到一个文本或一次交谈中时,其他所有的概念都自动被激活(Fillmore,1982:111-137)。言语即语义的形成和接受过程,而语义的形成就是概念化的过程即认知的过程。翻译中为达到语用等效,其前提正是正确地认知和理解语言,框架语义学中的框架对戏剧台词的理解和翻译具有指导作用。

　　基于语言和动作而表演的戏剧台词翻译，因其"戏剧性"、"舞台性"、"观众性"、"可表演性"、"无译注"等多种特点而彰显其翻译的特殊性和困难性，然而认知语言学的认知功能可以帮助译者成功地减少翻译过程的障碍和困难，帮助译者和目标语观众将抽象的概念具体化，自动激活认知主体的共同认知框架，更好地理解原文，寻找其概念所对应的框架，解释翻译过程中原著作者—译者—目标语观众的三元关系，从而更好地顾及观众的认知，达到戏剧翻译中的语用等效，顺利实现《雷雨》在西方舞台上的精彩再现。

参考文献

[1] Newmark, P. *A Textbook of Translation*. 上海：上海外语教育出版社，2001.

[2] Cao Yu. *Thunderstorm*. Wang Zuoliang (Trans.). 北京：外文出版社，1978.

[3] 田婧. 从目的论视角看王佐良英译《雷雨》. 长沙：长沙理工大学，2009.

[4] 包磊. 从美学视角看《雷雨》的英译——以王佐良译本为例. 大连：辽宁师范大学，2009.

[5] 李艳. 从《雷雨》英译本看关联理论对文化语境翻译的解释力. 重庆：重庆大学，2007.

[6] 陈静. 关联顺应模式下的《雷雨》英译本分析. 重庆：西南大学，2009.

[7] 谭文慧. 关联理论视角下《雷雨》英译本的对比研究. 现代交际，2012，(7).

[8] Minsky, M. A Framework for Representing Knowledge//P. Winston (Ed.). *The Psychol-ogy of Computer Vision*. New York: McGraw-Hill, 1975.

[9] Fillmore, C. J. Frame Semantics//Linguistics Society of Korea (Ed.). *Linguistics in the Morning Calm*. Seoul: Hanshin Publishing Co., 1982.

[10] Bell, R. T., & 王克非. *Translation and Translating*. 北京：外语教学与研究出版社，2005.

[11] Rojo, A. Applying Frame Semantics to Translation: A Practical Example. *Translator's Journal*, 2002a.

[12] Rojo, A. Frame Semantics and the Translation of Humor. *Translator's Journal*, 2002b.

[13] Ungerer, E., & Schmid, H. J. *An Introduction to Cognitive Linguistics*. 北京：外语教学与研究出版社，2001.

[14] Fillmore, C. Frame Semantics and Nature of Language. *Annals of the New York Academy of Science: Conference on the Original and Development of Language and Speech* 280: 20 - 32, 1976.

[15] 肖坤学. 句子层面翻译的认知语言学视角. 外语研究，2006(1).

[16] 朱晓敏. 框架语义学与译文质量评估. 北京第二外国语学院学报，2010(12).

[17] Fillmore, C. Frame Semantics//D. Greeraerts (Ed.). *Cognitive Linguistics: Basic Readings*. Berlin: Mouton de Gruyter, 1982.

[作者信息]　林海霞(1979—　)，女，南通大学外国语学院讲师。

　　徐春霞(1963—　)，女，南通大学外国语学院教授。研究方向：文学翻译、戏剧翻译。

基于 Skype 网络技术的跨文化交际教学模式研究

山东青年政治学院　张　金

摘　要：本文以电脑媒介交际"Computer-mediated Communication"（CMC）为理论基础，以参加 China Calling（中美互联语言）项目的 50 名山东青年政治学院商务英语专业大二的学生为实验对象，通过一个学期的项目实践，以问卷调查及访谈的形式，用 SPSS 软件进行数据分析，试图检验通过智能工具 Skype 网络技术与外国人交互学习对跨文化交际教学模式的有效性。

关键词：China Calling；Skype；跨文化交际

1　研究背景

伴随着全球化的迅速发展，各国之间的交往日趋频繁。跨文化交际成为越来越多的人工作和生活的必需。然而现行的跨文化交际能力培养大多局限于书本上文化知识的传授。培训者往往不能很好地运用所学的跨文化交际的知识，导致在实际的交际情景中显得束手无策。这是跨文化交际能力提高中的一个比较突出的问题。造成这一问题的主要原因是因为真实的语言文化环境特别是对话与交流对象在中国相对比较缺乏。随着网络技术的迅速发展，各式各样的语音工具相继问世，这就为我们克服对话与交流对象的缺乏提供了新的机遇和可能性。

本研究定位于跨文化交流方面的研究和网络交往方面的研究，试图通过智能工具 Skype 网络技术将跨文化交流放在网络空间的研究视角下进行考察，并关注互动主体间的文化差异和互动空间的差异两个方面对互动的影响（如图 1 所示）。

2　研究框架

本文以电脑媒介交际"Computer-mediated Communication"（CMC）为理论基础，以参加 China Calling（中美互联语言）项目的 50 名山东青年政治学院商务英语专业大二的学生为

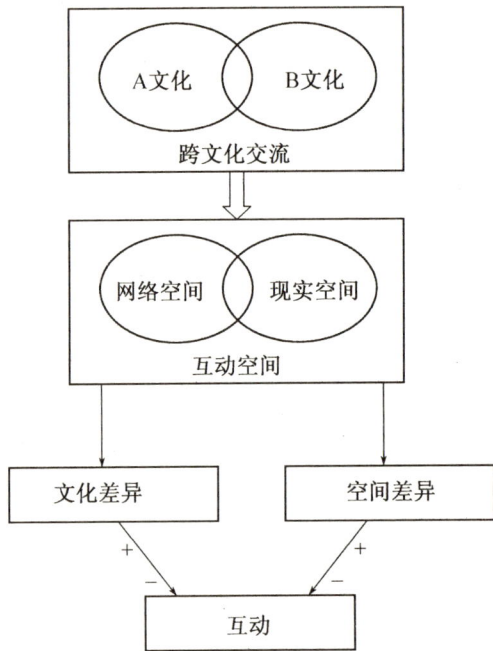

图 1　互动主体间的文化空间图

实验对象，通过一个学期的项目实践，以问卷调查及访谈的形式，用 SPSS 软件进行数据分析，试图检验通过智能工具 Skype 网络技术和外国人交互学习对跨文化交际教学模式的有效性。

China Calling（中美互联语言）项目是由山东青年政治学院外国语学院英语教研室中外教师实施的与美国的波士顿学院、皮吉声大学、哥伦比亚特区大学、莱斯利学院师生合作开展的外语实践教学项目，力求探讨中美学生

的跨文化交际学习模式，积极探索并推进教学改革，为学校跨文化交际教学的发展做贡献。

本研究主要检验受试者在跨文化交际能力的四个方面：(1)基本交际能力系统；(2)情感和关系能力系统；(3)情节能力系统；(4)策略能力系统。

本研究具体要回答的问题包括：(1)受试者的跨文化知识和他们在实际交际情景中的跨文化交际能力是否存在差异。如果有差异，是否有必要提高他们在实际交际情景中的跨文化交际能力。(2)通过比较受试者使用智能工具 Skype 网络技术前后的情况，确定他们的跨文化交际能力是否有显著提高。如果有，哪些方面的能力比较突出和哪些方面不足。(3)使用智能工具 Skype 网络技术和外国人进行交流要注意哪些问题。此外，通过问卷对受试者使用智能工具 Skype 网络技术前后跨文化交际能力进行问卷调查，用 SPSS 软件对得出的数据加以分析，同时凭借通过作者的观察和学习期间对受试者的访问，得出结论，并根据结论对跨文化交际教学模式中要注意的问题提出一些有意义的建议。

3 研究方法

3.1 研究对象

参加研究的学生共 50 名，为 2013 年入学的山东青年政治学院外国语学院商务英语专业学生。之所以选择大学二年级的学生进行研究，是因为他们经过一年的学习，对跨文化因素在其学习过程中的影响有更深刻的体会，因而更具有代表意义。

3.2 研究工具

本研究采用 Likert 五点量表形式，并在该量表的基础上，针对学生的实际学习情况，设计了稍许修改的五级量表（表1）。每个问题以其影响程度大小分为"从不、很少、有时、经常、总是"五个级别，分别计1、2、3、4、5分。其得分划分标准如下（表2），并对采集的数据用 SPSS11.0 进行统计分析。

表1　五级量表

1. 我认为 Skype 英语教学模式比传统的教学模式更优越
2. 我经常用 Skype 与美国同伴完成老师布置的作业
3. Skype 增强了我的学习信心，降低了我的学习焦虑
4. 我认为自己利用网络进行英语学习的能力增强
5. Skype 使我了解了美国文化、美国学生的学习和生活
6. Skype 增强了我的跨文化交际能力
7. Skype 提高了我英语学习的兴趣
8. Skype 提供的各种功能使我更好地进行自主学习
9. Skype 是一个比较实用、可靠的学习平台
10. Skype 应推广到其他英语科目的教学中
11. 美国学生对我作文的反馈让我提高了写作水平
12. 在英语学习中遇到问题我能与美国同伴进行交流

表2　频率标准(Oxford,1990)

均值	频率	描述
1.0—1.4	低	从不使用
1.5—2.4		很少使用
2.5—3.4	中	有时使用
3.5—4.4	高	经常使用
4.5—5.0		总是使用

本研究调查问卷包含 12 个项目，在笔者发放的 50 份调查问卷中，收回有效问卷 50 份，有效率为 100%。

3.3 研究过程

本研究以智能工具 Skype 网络技术提供的先进的扩展功能为基本框架对研究过程进行描述。

(1)智能工具 Skype 网络技术的即时消息功能和语音、视频通话功能。开学初，教师对 China Calling(中美互联语言)项目所有学生进行了为期一周的 Skype 网络技术使用技能培训，然后与美国波士顿学院二年级的学生进行配对，让他们进行交互式学习。即时消息功能尤其对那些写比说更容易的学生来说更为有效。通过一段时间的交互式学习，这 50

名学生全部使用了语音和视频的通话功能。

（2）文件传递。此功能在学生进行自主学习和网络课堂教学中都发挥着重要的作用。它犹如发送电子邮件的附件功能，使用者可以发送任何形式的文件，如 PPT 或 Word 文档，不同的是这种附件是在双方进行在线通话时发送的，使用者可在交谈中对其进行讨论。通过文献传递，中美学生可以共同完成一项学习任务或写作反馈，实现资源共享。

（3）屏幕共享功能。智能工具 Skype 是一种机对机的工作方式，因此一台计算机可以与一个投影仪相连接，这样显示屏上所显示的内容可以投射到大屏幕上，供全班同学观看。用这种方法教师可利用 Skype 网络技术邀请美方教师或学生走进课堂，参与课堂教学活动。这种屏幕共享功能只有在通话时才能进行。

4   研究结果

通过运用 SPSS 软件进行数据分析，本研究结果如表 3、表 4 所示：

表 3   China Calling 学生约束列联表 Crosstab

	Value	df	Asymp. Sig. (2-sided)
Pearson Chi-Square	67.543ª	8	.000
Likelihood Ratio	69.489	8	.000
Linear-by-Linear Association	25.057	1	.000

a. 2cells（13.3%）have expected count less than 5. The minimum expected count is 4.42.

表 3 主要说明作为自变量 x 的约束之间以及因变量 Y 学习绩效之间相关性的一些分析。当两两之间相关性的 P 值小于 0.05 时说明两个因子之间有相关性，但相关性的大小由 R-sq 值来决定，其中当值大于 0.7 时，属于强相关，大于 0.4 时，属于弱相关。由于各行业的不同，数值的标准略微有差异。

表 4   China Calling 学生跨文化交际约束特点数据分析

	双样本 T 检验			方差齐性检验			回归分析	
	Mean		P-value	Sigma		P-value	R-Sq	P-value
	反馈高分组	反馈低分组		反馈高分组	反馈低分组			
A	2.975	2.29	0.000 1	0.342 580	0.461 748	0.164	28.0%	0.001
B	3.45	2.67	0.000 3	0.437 798	0.631 186	0.476	28.0%	0.001
C	2.90	2.92	0.000 8	0.444 097	0.641 386	0.391	1.0%	0.559
D	3.07	2.29	0.000 3	0.624 166	0.509 419	0.759	30.7%	0.000
E	3.15	2.49	0.004 7	0.529 675	0.617 950	0.510	22.4%	0.003
F	3.10	2.48	0.001 6	0.394 405	0.655 915	0.111	15.8%	0.013

（A=记忆约束   B=认知约束   C=补偿约束   D=元认知约束   E=情感约束   F=社会约束）

由表 4 可以看出，除了补偿约束的中值在反馈高分和反馈低分学生间没有存在显著性差异外，其他的约束都存在显著性差异；从波动上看，在反馈高分和反馈低分学生中约束使用的波动没有显著差异，所以不同学生使用约束的稳定性很高；故从中值和波动看，除补偿约束以外的其他约束都是影响成绩的重要因子。再用回归分析看影响的程度：记忆约束为 28%，认知约束为 28%，补偿约束为不相关，元认知约束为 31%，情感约束为 22%，社会约束为 16%，影响程度最高的是元认知约束，其次是记忆约束、认知约束，这三个因子是影响学生跨文化学习绩效的最重要因子。

此外,我们对参与 China Calling(中美互联语言)项目的 50 名学生进行了访谈,访谈的内容主要围绕两个问题:(1) 你对 Skype 应用于英语写作教学的态度;(2) 你认为智能工具 Skype 网络技术在教学中的应用是否能提高你的英语综合能力。总体而言,参与者均对该学习项目持积极的态度,受到学生的欢迎,持不满意者仅占总数的 5%,究其原因主要是由于其自身与美国学生交流困难。另外 70% 的同学认为智能工具 Skype 网络技术在教学中的应用对提高他们的英语综合能力有较大帮助,有 30% 的同学对此认为说不清。结果显示,学生比较喜欢使用这种软件和外国人进行对话交流,而且在以上所列举的跨文化交际能力的某些方面已有比较明显的提高。当然此方法也其不足之处,它只是最大限度的创造真实的语言文化环境。这与真实的面对面的交流(face-to-face communication)还是有差距的。例如,非语言交际(non-verbal communication)在此次实验的过程中涉及甚少。因此,有必要对使用网络语言符号代替身体语言的现象做一些探讨,从而使智能聊天工具在跨文化交际能力提高的作用上面进一步得到完善。

5 研究启示

通过以上数据分析与讨论,本研究得出如下启示:

在教育国际化的背景下,教学已不仅仅局限在单纯的课堂和平面的教材。通过现代通讯技术,教师要建立跨国教学与学术交流的理念,学生要培养起跨国协作式学习的观念。一方面,现代信息技术与外语课程的整合对大学外语教学提出了更新的挑战,教师已不再是学生学习知识的唯一来源。因此,教师的"信息—教学"素养是运用智能工具 Skype 网络技术进行交互式外语教学的重要保证。具体来说,该素养包括:(1) 消除技术使用焦虑,建立和更新技术使用信心;(2) 教师利用 Skype

网络技术基本功能进行交流的能力;(3) 利用 Skype 扩展功能进行网络教学的能力。另一方面,还需提高学生工具技能素养。所谓工具素养,是指学生为了有效实现网络环境下的各种学习活动,完成学习任务而必须掌握通信工具、表达手段、阅读能力等相关的基本技能素养。教学实验过程中,我们发现 20% 的学生不能熟练地使用计算机和网络技术。在采访中得知一部分学生是由于家境贫寒,上大学之前家里没有计算机;一部分是由于高中时课程任务较重,升学压力大,家长限制他们使用计算机及网络。所以,外语教师以及管理高校网络实验室的教师应通过开展网络课程的选修课等方式,帮助学生培养利用网络搜集信息和交换信息的能力、创建电子文档和制作 PPT 的能力以及网络交流协作的能力。

6 结 语

全球化和信息化已成为人类进入新世纪所必须面对的生存背景。对二语习得者来说,只有了解语言发生的文化背景,才能真正掌握一种语言。在网络外语教学不断发展的今天,智能工具 Skype 网络技术可以用来提供丰富的、真实的语言学习经历,可以促进学生进行国际合作,共同完成学习任务。我们的学生渴望融入世界,他们想利用新的工具来分享他们的故事,了解世界上其他人的生活。这一切使得学生已不再相信那些"语言学习又费时又费力,要有语言天赋"等传统的论断,使语言学习呈现了全新的面貌。新技术的应用大大提高了学生外语学习的自主性和能动性,使语言学习变得简单、有趣、真实。通过为学生提供更多的交流、互动,体验英语真实使用的机会和环境,智能工具 Skype 网络技术将传统教学模式下英语学习变为真实情景中的英语"习得",进而实现教学语境社会化、真实化。

参考文献

[1] Belz, J. A. Institutional and Individual Dimension of Transatlantic Group Work in Network-

based Language Teaching. *Recall*, 2001, 13(2): 213 – 231.

[2] Coverdale-Jones, T. Does CMC Really Have a Reduced Social Dimension? *Recall*, 1998, 1(1): 46 – 52.

[3] Belz, J. A. & Muller-Hartmann, A. Teachers Negotiating German-American Tele-collaboration: Between a Rock and an Institutional Hard Place. *Modern Language Journal*, 2003, 87(1): 71 – 89.

[4] Hofstede, G. Cultures Consequences, Comparing Values, Behaviors, Institutions, and Organization Across Nations. Thousand Oaks, CA: Sag Publications, 2001.

[5] Leh, A. S. C. Computer-Mediated Communication and Foreign Language Learning via Electronic Mai [J/OL]. http://imej. wfu. edu/articles/1999/2/08/index. asp, 1999.

[6] O'Dowd, R. Understanding "the other side": Intercultural Learning in a Spanish-English E-mail Exchange. *Language Learning and Technology*, 2003, 7(2):118 – 144.

[7] Santoro, G. M. What is Computer Mediated Communication?//Z. L. Berge & M. P. Collins (eds.). *Computer Mediated Communication and the Online Classroom: Overview and Perspectives*. Cresskill, NJ: Hampton Press, 1995:11 – 27.

[8] Warschauer, M. *Tele-collaboration in Foreign Language Learning*. Honolulu: University of Hawaii: Second Language Teaching and Curriculum Center, 1996.

[9] Warschauer, M. Online Learning in Socio-cultural Context. *Anthropology and Education Quarterly*, 1998,29(1):68 – 88.

[10] 胡文仲. 跨文化交际与英语学习. 上海:上海译文出版社,1998.

[11] 高一虹. 语言文化差异的认识与超越. 北京:外语教学与研究出版社,2009.

[12] 关世杰. 跨文化交流学:提高涉外交流能力的学问. 北京:北京大学出版社,2008.

[作者信息] 张金,男,山东青年政治学院教师。

英语专业本科阶段"计算机辅助翻译课程"抽样调研报告①

江南大学　李学宁　史佳灵　吴晨逸

摘　要：目前,我国至少有二三十所高校在英语专业本科阶段开设了计算机辅助翻译课程。通过调查研究北京航空航天大学、山东师范大学等六所高校的开设情况,试图发现该课程在教学大纲、教材讲义和翻译软件等三个主要方面的共性和个性,从而为该课程的推广以及相关翻译技术能力的培养提供一定借鉴。

关键词：英语专业本科生;计算机辅助翻译课程;翻译技术能力

1　引　言

随着信息技术的快速发展,计算机辅助翻译在翻译行业得到了广泛的应用。与传统的翻译模式相比,基于计算机辅助翻译的团队合作以其高效、高质的特点更适合翻译市场的需求,日益成为了一种主流的翻译模式。

为了迎合这一时代的需求,众多高校开设了翻译专业硕士学位课程和翻译专业本科课程,纷纷将计算机辅助翻译列为选修课程。此外,也有一些传统的高校尝试开设这门课程。这充分说明了外语界对这门课程的重视。

据不完全统计,目前全国至少有二三十所高校在英语专业、翻译专业或商务英语专业(统称为英语专业)本科阶段开设计算机辅助翻译课程。我们选择了北京外国语大学、中山大学、北京航空航天大学、陕西师范大学、大连海事大学和江南大学等六所具有代表性的高校进行了抽样调查,试图初步发现它们在教学大纲、教材讲义和教学软件三个核心要素方面的共性和个性。

2　大　纲

2.1　课程的性质和培养目的

在这六所高校,计算机辅助翻译均是面向高年级学生的选修课程。一般在三年级第二学期开设。课程培养目的也基本一致:主要是使学生对计算机辅助翻译的历史、原理有所了解,并能借助计算机的相关程序进行翻译实践活动,为未来从事翻译职业以及翻译研究打下坚实的基础。

2.2　教学基本要求

学习完该课程后,学生能够掌握课上所学的知识和技能,即能够对计算机辅助翻译的基本原则、概念、方法有初步的了解,并能学会使用计算机辅助翻译工具。

此外,部分学校也对学生提出了一些更高层次的要求。比如北京航空航天大学要求学生学会使用主流的语料库分析工具;江南大学希望学生通过理论学习和实践活动后,对英语语言学以及翻译理论有更深入的认识;陕西师范大学则要求修课学生能够创建翻译项目,并在翻译记忆库和术语库的支持下,与其他译员配合,共同完成翻译项目。

2.3　教学基本内容和学时分配

六所高校所开设的计算机辅助翻译课程均历时一学期,一般为32课时。课程的设置均兼顾理论与实践两个方面,教学的基本内容也都包括了计算机辅助翻译的历史、原理和主流计算机辅助翻译工具的操作等主要内容。

① ［基金项目］　本研究为教育部人文社科青年基金项目"韩礼德的计算语言学思想研究"(编号:11YJC740056)和"英语专业本科生翻译能力培养新探:计算机辅助翻译路径研究"(编号:1165210232113240)的阶段性成果。

［致谢］　本文在撰写过程中,得到了江南大学外国语学院施富炎、汤颖、丁紫薇、刘奕君、钱晓航、张澜等同学的帮助,在此一并致谢。

然而,各校在教学内容的权重及学时分配上存在较大差异。北京航空航天大学在授课时先以理论作铺垫,而后将大部分的课时用于各类实践,如使用语料分析工具、创建和维护术语库以及操作几种主流的 CAT 软件等。北京外国语大学和大连海事大学则将重点放在 Trados 和 AlignFactor 两款软件的学习上。陕西师范大学将课程的前三周用于理论知识的讲解,余下的课时主要围绕 Trados 这款软件展开。中山大学除了讲解翻译系统和工具的基础知识外,还比较注重计算机操作能力和文字编辑能力的培养。

以上五所大学的实践课时较多。而江南大学则较为偏重理论学习,其理论学时与实践学时的课时比为 5∶3。授课内容主要包括机器翻译的基本概念、机器翻译的三个主要的发展阶段及其主要的特点、一些常见的机器翻译系统和使用方法等,其中机器翻译的资源及其建设部分是该课程的重点。

2.4　课程考核方式

该课程的成绩评定主要包括平时成绩和期末成绩两方面。平时的成绩主要根据学生的出勤、课堂表现情况和平时作业情况来评定。

在平时作业方面,中山大学主要安排小组实践,江南大学是论文和 PPT 展示,其余四所高校为小组实践和 PPT 展示。

在期末测评方面,北京航空航天大学和江南大学采取的是期末论文的形式,而另外四所高校则采取小组上交运用软件翻译的大作业的形式。

2.5　相关课程的学习要求

由于计算机辅助翻译这一课程的难度较高,涉及知识面较广,因此部分高校会建议学生在选修该课程之前先修一些其他课程作为基础。

比如江南大学在教学大纲中提出要求学生具备语言学、翻译理论与实践等知识基础,建议先修课程为语言学概论、应用语言学。其他几所学校虽然并未在教学大纲中明确提出

相应要求,但从其开课学期和人才培养方案来看,选修该课程的学生基本都已先修了语言学和翻译的基础课程。

3　教　材

目前,国内计算机辅助翻译课程主要使用的教材有四本:《计算机辅助翻译理论与实践》、《计算机辅助翻译》、《机器翻译简明教程》和《计算机在线翻译快速入门》。此外,还有一本辅助英文教材,即《统计机器翻译》。

在所调研的六所高校中,北京航空航天大学使用的教材为《计算机辅助翻译》,江南大学为《机器翻译简明教程》,其余四所高校均为教师自备讲义。

下面,对上述四本国内主要使用的教材进行简单的述评:

《计算机辅助翻译理论与实践》(张霄军、王华树、吴徽徽,2013)的主要章节内容是:第一章翻译技术概论,第二章文本处理系统,第三章术语管理系统,第四章翻译记忆系统,第五章计算机辅助翻译新技术,第六章术语管理实践,第七章、第八章为 SDL Trados 2009 实践和 Wordfast 实践。第九章为其他计算机辅助翻译系统。

《计算机辅助翻译》(钱多秀,2011)的开篇为"计算机辅助翻译"课程的教学与思考。第一章为从机器翻译到计算机辅助翻译,第二章为计算机辅助翻译工具概述,第三章为双语语料库的建设与用途,第四章为双语语料库对齐与检索使用实例,第五章为术语、术语库、对齐与翻译记忆,第六、七章为 SDL Trados 2007 的使用和雅信辅助翻译教学系统演示,第八章为计算机辅助的译文质量保证,第九章为主流机辅翻译软件的比较与评估,第十章为本地化与翻译,第十一章为桌面排版系统与翻译。结语是计算机辅助翻译的前景。

《计算机在线翻译快速入门》(孙启勤、周卫,2008)的第一章为翻译的基本理论,第二章为英汉翻译基本技巧,第三章为机器翻译,第四章为网上在线翻译的方法和技巧。相比而

言,这本书在翻译的基本理论和基本技巧方面所占的比重过大,而与机器翻译、计算机辅助翻译密切相关的专业知识相对较少。此外,在第四章中只介绍了雅虎乐译一款在线翻译系统。

《机器翻译简明教程》(李正栓、孟俊茂,2009)第一单元为机器翻译概述,第二、三单元为机器翻译类型介绍,第四至七单元为基于转换的机器翻译系统,第八单元为基于中间语言的机器翻译理论和实践,第九、十单元为基于统计的和基于实例的机器翻译理论和实践。第十一单元为译文处理,第十二单元为计算机辅助翻译,第十三单元为机器翻译相关知识,第十四单元为机器翻译的资源及其建设,第十五单元为机器翻译评价,第十六单元为机器翻译应用前景和发展方向。

归纳起来,从上述四本教材中可以归纳出如下三个主要方面的教学内容:(1)机器翻译或计算机辅助翻译发展史;(2)计算机辅助翻译系统;(3)计算机辅助翻译资源,尤其是术语库的建设。然而,在与计算机辅助翻译相关的语言学原理、数学知识和计算机技术方面的介绍相对缺乏。对于计算机辅助翻译中所涉及的译文过程监控,尤其是质量评估还缺乏足够的重视。

4 软 件

计算机辅助翻译是一门实践性很强的操作性课程,因此在教学过程中必须进行一些翻译软件的教学演示和实际操作。

在所调查的几所高校中,发现主要使用的两款软件为 Trados 和 AlignFactory:

(1) Trados 可以支持 60 多种语言之间的双向互译,市场占有率达到了 70%。微软、大众、西门子、国际货币基金组织等全球四万多个企业和国际组织都在使用该款软件。因此开展这方面的教学,对于学生今后的求职与就业大有裨益。

(2) AlignFactory 是一款语料对齐软件,主要用于服务于翻译记忆的平行语料库的创建。该软件支持包括汉语在内的多种语言的双语对齐,是较为实用的文本对齐工具。

通过扩大调研范围,我们发现其他一些高校还在教学中介绍、使用了另外一些计算机辅助翻译软件。这些软件大致分为两大类:(1) Déjà Vu、Wordfast、雅信 CAT 等翻译记忆软件,ABBYY Aligner、WinAlign 等双语语句对齐软件;(2) SDL Multiterm、Termstar 等术语提取和管理专用软件。

有必要指出的是,同学们在使用的过程中普遍存在计算机知识贫乏,逻辑思考能力不足,操作步骤不明,投入时间不够等问题。因此,有必要编写相关的计算机辅助翻译软件操作教程,并将相关软件的教学列为重中之重。

5 翻译技术能力的界定与培养

通过以上抽样调查,我们发现国内不少知名高校已经在英语专业本科阶段开设了计算机辅助翻译课程。这对于在其他高校进一步开展计算机辅助翻译教学具有良好的示范作用。然而,我们也必须清晰地认识到这门课程的开设仍然处于起步阶段。在教学大纲的制定、合适教材的选编、相关软件的使用等方面仍然值得进一步的探讨和研究。

归根结底,我们需要进一步明确这门课程开设的最终目的,即培养学生什么样的翻译技术能力。

至今为止,不少学者对这个问题进行了探讨。钱多秀认为课程的"目的是深化学生对语言作为基本交流工具的理解,并促使他们掌握与翻译实践有关的各种技术,以适应社会进步和职业需求"(钱多秀,2009:49)。宋新克、张平丽、王德田的观点是"使学生掌握计算机辅助翻译的原理和应用技术及相关的自然语言处理技术"(宋新克、张平丽、王德田,2010:191)。那洪伟旨在"为翻译专业学生提供专业译员所必需的基本计算机辅助翻译工具操作技能训练,使学生了解计算机辅助翻译常见术语,掌握计算机辅助翻译软件的基本使用方法"(那洪伟,2013:60)。张薇薇认为"学生必须掌握机器翻译的基本原理及相应软件的使用,重点学习如何将机器翻译引入翻译工作,探索这种信息工具设计的思路、理念以及如何与语言服务、技术和项目管理有机衔接"(张薇薇,2012:21)。苗天顺提出"通过该课程的学习,学生除了具备双语的互译能力,还应学习机器辅助翻译技术在翻译实践中的灵活使用,学会利用翻译软件建立专业语料库,加深对机器辅助翻译技术的理解"(苗天顺,2010:227)。于红、张政则"重点培养学生的专业翻译能力、信息检索能力、CAT 技术应用能力、项目管理能力,以及职业道德和素养"(于红、张政,2013:45)。2015 年,黄海瑛、刘军平进一步对这个问题进行了阐述。他们提出计算机辅助翻译技能的专业能力包括专业翻译能力、术语管理能力、语料复用能力、软件应用能力四个主要方面(黄海瑛、刘军平,2015:48)。

这些研究成果对于这门课程的开设,包括教学内容的安排、教材的编写与选用以及翻译软件系统的教学演示与实训等具有重要的指导意义和价值。

参考文献

[1] 张霄军,王华树,吴徽徽.计算机辅助翻译理论与实践.陕西:陕西师范大学出版社,2013.

[2] 钱多秀.计算机辅助翻译.北京:外语教学与研究出版社,2011.

[3] 孙启勤,周卫.计算机在线翻译快速入门.北京:中国水利水电出版社,2008.

[4] 李正栓,孟俊茂.机器翻译简明教程.上海:上海外语教育出版社,2009.

[5] 钱多秀."计算机辅助翻译"课程教学思考.中国翻译,2009(4):49 – 53.

[6] 宋新克,张平丽,王德田.应用型本科翻译人才培养中的课程设计改革——以河南财经政法大学成功学院计算机辅助翻译课程设计改革为例.新乡学院学报:社会科学版,2010,24(6):189 – 191.

[7] 那洪伟.计算机辅助翻译教学的课程探索与设计.中国校外教育,2013(5):60.

[8] 张薇薇.计算机辅助翻译与教学设计探讨.科技视界,2012:21 – 22.

[9] 苗天顺.计算机辅助翻译课程的探索与创新.大学英语,2010,7(2):227 – 229.

[10] 于红,张政.项目化教学:理论与实践——MTI 的 CAT 课程建设探索.中国翻译,2013(3):44 – 48.

[11] 黄海瑛,刘军平.计算机辅助翻译课程设置与技能体系研究.上海翻译.2015(2):48 – 53.

[作者信息]　李学宁,男,湖南湘潭人,副教授,博士、博士后。

史佳灵,女,江苏无锡人,江南大学在读本科生。

吴晨逸,女,江苏苏州人,江南大学在读本科生。

MTI 人才培养的困惑与出路[①]

南京航空航天大学　潘平亮

摘　要：MTI 在全国高校的开展朝气蓬勃,然而自 2007 年以来却有不少困惑:许多高校在课程设置上的缺乏系统表现出依人开课的"选择性",在人才培养上与企业需求相脱节,呈现出"封闭性",从而导致学生在就业方向上显示出"离散性"。有鉴于此,笔者对以上现象进行了深刻的分析和反思,提出了相应的解决方案。

关键词：MTI 人才培养;课程设置;企业需求;学生就业

MTI 的培养自 2007 年在全国高校开始大范围开展以来,到今年为止,已有二百多所高校拥有了自己的 MTI 学科建设平台。然而,这些年来的培养工作,从课程设置到与企业的接轨直到最终学生的就业,都存在着诸多的难题与不足:课程设置上的"选择性",对翻译技术能力没有给予足够的重视;人才培养的"封闭性",与企业的需求严重脱节;以及由于学生能力的单一性在就业上适应面窄,导致他们在本专业上就业的"离散性"。这些都让学界对 MTI 的培养前景产生了不小的困惑和担忧。为此,我们对 MTI 的培养现状进行了反思,力求为其摆脱困境寻找良方。

困惑之一:课程设置上的"选择性"

与相对成熟的学术型翻译硕士培养的课程设置相比,MTI 的课程设置显得参差不齐。根据王华树老师对全国高校在其核心课程计算机辅助翻译课程设置的调查(如表 1,引自王华树),发现多数学校对翻译技术的教学基本上起步于 Office 操作,着眼于各软件工具的"介绍"(大学一、二、三、四、五、九),与计算机辅助翻译的实际操作相距甚远;但也有学校如大学六、八,把实战结合起来,与传神公司合作培养;或把本地化相关技术的内容如桌面排版、项目管理也纳入课程,如大学七、十,教学内容也有一定的深度和广度。根据当今世界

上 MTI 培养比较成熟的知名院校的课程设置可以了解到,以"翻译项目管理实务"为导向的课程架设已是主流,如美国著名的蒙特雷学院就开设了翻译和本地化管理硕士学位项目,该项目"结合了传统翻译教学和新兴翻译技术,包括软件本地化、桌面排版、术语管理等"(王华树,2014:55)。纵观我国高校 MTI 课程设置上的不足,我们可以将其归为以下两个原因:一是师资力量的匮乏,许多课程开不起来,只能依据现有师资力量,"选择性"地开设一些课程,无法顾及它的实用性和完整性;二是人们的翻译技术意识普遍淡薄,认为翻译能力主要还是传统上讲的语言能力,因而,学术型老师为 MTI 学生开课(和学术型研究生相同的课)在各高校中屡见不鲜,这是传统的脱离市场需求的"象牙塔"式的教学模式。实际上,PACTE 在 1998 年就提出翻译能力应包括:双语交际能力、语言外能力、专业操作能力、转换能力,策略能力和心理生理能力(全亚辉,2010:88)。这里"专业操作能力"指的就是翻译技术能力,它在我们当前教学中显得尤为重要。因为,在计算机辅助技术参与下的翻译已彻底颠覆了传统意义上的翻译理念。皮姆说,"新的翻译技术如翻译记忆库、基于数据库的机器翻译以及合作型的翻译管理系统,远不只是增加了工具,而是正在改变着译者的认知、

---

①　本文是由中央高校基本科研业务费专项资金资助项目(项目编号:NR2014019)成果之一。

社交关系和职业身份"，一句话"技术正改变着翻译的认知过程"（Pym，2011）。实际上，一个翻译项目的完成无时无刻地被技术所包围，在以下详解的一个翻译项目流程中（表2引自王华树，2014），没有技术的支持，可以说是"寸步难行"。从译前准备阶段的文本或图片格式的识别与转换、文件拆分、记忆库新建、术语提取，到译中包括换行、录用记忆库信息、录用术语信息、存储新术语等具体操作、进度控制与协调、译员翻译质量与风格检查、添加或修改术语表，再到译后编辑排版、质检审校、合并文档、还原格式、分析报告乃至与客户账单结算等无不应用计算机技术；否则任何环节上技术的缺乏，小则影响个人的翻译速度，大则影响项目的完成进度，影响公司的信誉。

表1　全国高校计算机辅助翻译课程设置调查

大　学	主要课程模块
大学一	Office 编辑技巧、搜索引擎、语料库分析工具 Paraconc 介绍、电脑翻译
大学二	Office 办公基础、语料库、雅信 CAT、广告翻译、新闻翻译、外宣翻译
大学三	CAT 基本概念、Wordfast、翻译练习、机器翻译及评价、常用语料库、常用翻译网站介绍
大学四	Office 操作、语料库基础、Wordsmith 操作、雅信基本操作、雅信库维护、雅信对齐
大学五	计算机基础、办公软件、文件组织管理、计算机翻译、Google 翻译、翻译工具评价
大学六	文本编码与标注、语料库分析工具、双语对齐、字典工具、Google 用法、Word 排版、机辅工具、传神翻译实训平台
大学七	Office 办公操作、OCR、机器翻译、MemoQ 介绍、雅信 CAT、排版工具 Photoshop、项目管理、字幕翻译
大学八	Office 基础、机器翻译原理和方法、文本对齐、语料库与工具、传神翻译实训平台
大学九	文本分析、文本处理、电子辞书与网络辞书、Trados、软件本地化工具
大学十	术语管理和提取、雅信 CAT、质量控制、项目管理、字幕翻译、本地化、桌面排版

表2　数据来源：TAUS，全球翻译技术报告

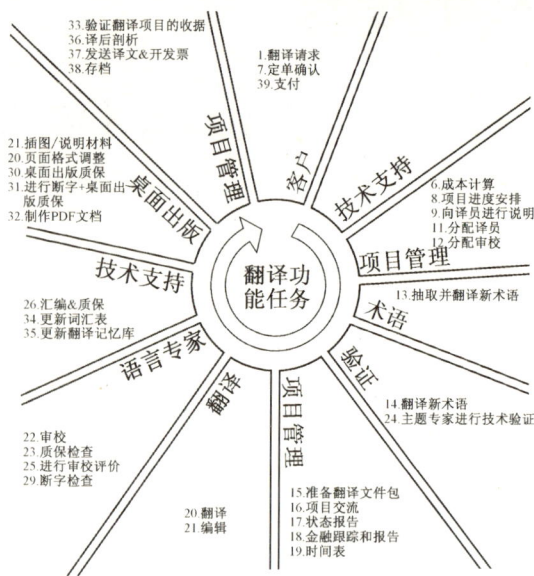

解决方案：翻译技术能力应重于语言能力

从以上的分析中，我们可以认识到翻译技术在翻译过程中"操控性"的作用，正如我们以前强调学生语言能力时所说的 linguistic proficiency，计算机辅助翻译环境中学生应培养 technical proficiency。我们这里所说的 technical proficiency 就是指 MTI 学生熟练的计算机软件操作能力和快速的网络信息查询能力。如在项目翻译过程中，快速查找文件的能力，会用一款 Everything 查找软件就能省去在无数个文件包中"众里寻她千百度"的烦恼；翻译中某界面出现了无法解决的问题，一时间又无法向技术人员说清楚，如果知道一款 Sagnit 的抓图软件，难题就能马上迎刃而解；如果你需要在作陈述时，要把你的思想清晰地呈现出来，单纯的 PPT 加图表显得麻烦而不简洁，你要是了解一款 Mindmanager 软件，你就能妙手生花般地把你的思想用树型图快速而清晰地无限伸展开来。这些虽说是"雕虫小技"，却把我们从"旁骛"中解放出来可以更加专注于当下的翻译工作；而实际上，正如皮姆所说，"在许多情况下，对机器翻译后的产品进行译后编辑速度更快，效率更高，而且技术更能保持前后一致。因而翻译就从文本生产转变为了译后编辑"(潘平亮,2013:61)。我们毫不夸张地说,翻译的实践与研究真正进入了跨学科时代。在这个时代中,MTI 学生的翻译技术能力再强调也不过分;但这却与现实的教学情形很不相称。以学术型为基础的教师队伍技术能力十分薄弱,如何胜任当前的教学?首先,急需聘用企业界相关技术人才以及本校计算机系老师来参与教学,这已显得刻不容缓。其次,在课程设置上,以几所在 MTI 培养方面世界知名的大学为例(表3):这些学校都开设了数量可观的翻译技术课程,而更为重要的是这些学校在课程设置上注意了系统性,保证了学生掌握从文件翻译到项目本地化设计全过程的相关技术,这值得我们借鉴学习。而回看我国高校的典型课程设置,学生对项目本地化知识的掌握十分欠缺,致使培养的人才与企业需求不能直接接轨,这也是我们要讨论的第二个困惑。

表3

大学名称	翻译技术相关课程
蒙特雷国际研究学院 Monterey Institute of International Studies	翻译记忆和机器翻译、术语管理、软件与网站本地化、流程标准化、IT/工作流策略及项目管理、国际商务项目管理、多语言营销等课程等
都柏林城市大学 Dublin City University	计算机编程入门、翻译技术、计算机术语、软件本地化、视听翻译、语料库语言学等
伦敦帝国学院 Imperial College London	词典学、术语学、语料库、机器翻译、XML 可扩展标记语言、计算机辅助翻译、网页及软件的本地化、字幕翻译、数字出版、语言与自动化等
香港中文大学 The Chinese University of Hong Kong	语言技术与翻译行业、计算机辅助翻译、机器翻译、语料库与翻译、术语管理系统、协作式翻译技术、本地化工作坊等

困惑之二:人才培养的"封闭性"

"进入 21 世纪之后,国内一部分翻译公司经过多年经营和发展,希望拓展国际和国内高端翻译服务市场,希望有能力承接本地化翻译项目,以期实现更高附加值的技术服务。"(催

启亮、胡一鸣,2011:169)"但是,产品本地化过程中翻译只是其中一个环节而不是全部,除此之外,还需要使用多种计算机辅助翻译技术和工具,分析、转换、处理及构建本地化产品。"(同上:169)因此,当前我国紧缺的人才是要懂技术的翻译人才,懂本地化项目管理的人才。例如,中国最大语言服务商传神公司(Transn)在网站上贴出的招聘启事就将"熟练电脑操作,熟练使用办公或翻译工具和软件"列为首要条件并将熟悉某行业知识如汽车、机械、医药等专业翻译的申请者优先考虑";创思立信公司(EC Innovations)也把本地化技术和项目管理作为了各岗位人才招聘的必要条件。对照我们各高校的人才培养现状,除了前面所讨论的对翻译技术重视不够之外,本地化项目管理方面的知识模块严重短缺。从表1中我们看到我国的高校 MTI 培养上几乎没有把本地化技术与项目管理纳入培养目标。这也难怪,当初 MTI 的培养目标只设定为"翻译硕士MTI 培养德、智、体全面发展,符合提升国际竞争力需要及满足国家经济、文化、社会建设需要的高层次、应用型、专业性口笔译人才"(国务院学位办,2007)。这里只体现了个体性的翻译技能培养,而在国外的知名院校里本地化技术与项目管理是当前热门的专业,面对语言服务市场。"翻译只是其中一个环节",更具产业价值的是它的附加值,即对翻译产品的排版设计、营销包装及更新跟踪服务,为此,MTI学生的知识模块自然要以市场需求为导向,与其无缝对接。

解决方案:"即插即用"式(plug and play)培养模式

美国著名高级翻译人才培养的摇篮蒙特雷国际研究院就以"即插即用"(plug and play)作为人才培养的宗旨,从而使得其学员在世界范围的职场上赢得了声誉。毕业于蒙特雷翻译与本地化管理专业的学生 Emily Frye,现在苹果公司担任其产品十四种语言的本地化项目经理,她在母校网页上留言说,"我感到学校的课程真正为我现在的岗位做好了

准备,对 CAT 工具和术语管理技能的掌握以及向不同人群学习的机会,对我助益匪浅"。从这些世界知名高校的培养经验来看,本着开放、合作以及与市场同步的专业发展的态度至关重要。为此首先,高校要与相关企业合作、交流,了解其需求方向,及时增减课程设置,真正走出自我欣赏的"象牙塔"。这一点,对当前许多高校都很重要,如表 1 所示,在翻译技术,特别是能为企业带来附加值的本地化技术方面的知识模块不足,人才培养就落后于企业需求。其次,让学生更多参与企业实习,在实践中提高能力,包括适应陌生环境、了解企业文化、增强人际交往,消弭从学校到企业的位差,从而在企业招聘中能"即插即用"。

困惑之三:学生就业的"离散性"

我们这里有几个从南到北的典型案例。

根据北京大学王华树老师提供的信息,北大 MTI 毕业生的就业方向主要在语言、管理、经济等领域,其中去国家事业单位的占 70%—80%,部分去了国企做些与语言相关的事情,只有少数被知名 IT 公司录用为专职翻译。这与广西壮族自治区对其 MTI 毕业生的就业调查结果很相似(见表 4,http://www.so-jump.com/report/3046339.aspx?wd=mti)。在本人所在学校 2015 年毕业的第一届 6 名学生中,有去航空公司或其他大公司做人事的,也有去中学做老师的,也有去培训机构谋职的,而唯独没有以翻译作为职业的。这不能不说是我们教育者的缺憾,而更为紧要的是它为我们朝气蓬勃开展起来的专业敲响了警钟:MTI 人才应该如何培养才能使其成为职业场上的佼佼者,才能真正学以致用?

表 4 广西高校首届翻译硕士就业情况调查

选项	小计	比例
进出口贸易公司、广告公司、会展服务公司	1	2.86%
生产性私营、民营企业	1	2.86%
生产性外资企业、中外合作企业、港澳台投资企业	0	0%
生产性国有企业	4	11.43%
公立学校	6	17.11%
私立学校	3	8.57%
国家机关、事业单位	12	34.29%
教育培训机构	3	8.57%
商场	0	0%
宾馆	0	0%
金融单位	1	2.86%
其他:	4	11.43%
本题有效填写人次	35	

解决方案:翻译能力+服务意识

Hutchins & Somers(1992)曾把有关机器辅助翻译分成四种情形(见表 5)。尽管许多机器翻译需要译后编辑或重写,但是应该看到相当数量的机器翻译已经译得很好(尤其是简短说明书、标题、图例等)(Uwe Muegge,

2008)。实际上,机器翻译在翻译效率和术语一致性上的优势使其在翻译市场占据了一定的份额。微软公司每年用机器从其知识库中翻译十万多篇语言优美的文章;欧盟是全世界使用人工翻译最多的机构,但如今每年也用机器把十多万页的文件分别翻译成九种语言

表5

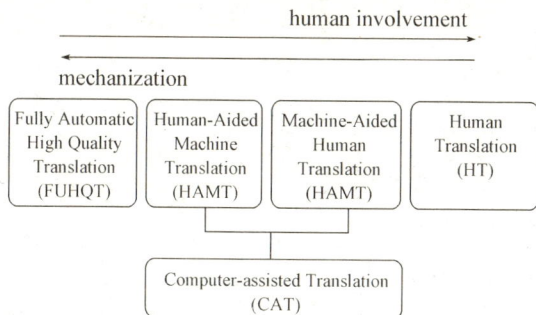

（Uwe Muegge，2013）。由此我们可以预测在不远的未来，随着机器翻译技术的进一步发展，更多的中低端翻译会被机器所取代，译员将只承担更为高端的翻译任务；同时，如上文所提到的为企业提供语言服务的本地化公司的主要服务内容也不再是翻译，而是以翻译为依托的有益增加语言服务附加值的、面向市场营销的一整套服务性业务。这也应该是我们当前和今后一段时间内 MTI 人才培养的方向：针对翻译能力突出的学生以能处理复杂文本及语言为其培养目标，最大程度保证其在就业中的生存能力和竞争优势；而对绝大多数学生来说，以培养一定的翻译能力加服务能力的目标则更为现实。传神公司总裁助理阎栗丽就从企业需求的角度为外语人才指出了广阔的出路（如表6）。从表中可以看出，除了本专业之外，对于 MTI 学生来说，应该有管理学、市场营销学、文秘等必要知识的储备，这也为我们课程设置提供了必要的参考。不过，根据目前 MTI 学生就业分散的情况，从乐观的视角来看，他们仍然成为我国语言服务市场的正

表6　外语类人才的就业方向

能量；按阎栗丽所说，我们所培养的人才，要么成为了某客户方指定的项目"接口人"，要么成为其翻译质量的负责人，他们大多是翻译公司潜在市场的"甲方"。

参考文献

[1] 催启亮,胡一鸣.翻译与本地化工程技术实践.北京:北京大学出版社,2011.

[2] 仝亚辉.PACTE 翻译能力模式研究.解放军外国语学院学报,2010(5).

[3] 国务院学位办.关于转发《翻译硕士专业学位研究生指导性培养方案》的通知(学位办[2007]78号),2007.

[4] 阎栗丽.翻译行业发展概述.2014 中国译协暑期培训讲义.

[5] 王华树.MTI"翻译项目管理"课程构建.中国翻译,2014(4).

[6] 王华树.翻译流程中的技术应用.2014 中国译协暑期培训讲义.

[7] 王华树.语言服务行业技术视域下的 MTI 技术课程体系构建[2015 - 10 - 01].http://blog.sina.com.cn/transnology.

[8] 潘平亮.Translation Technology and Translation Theory——Dialogue with Anthony Pym on Localization. *Chinese Translators Journal*，2013（4）：61 - 64.

[9] Hutchins, W. J. & Somers, H. L, *An Introduction to Machine Translation.* London: Academic Press,1992.

[10] Pym, A. What technology does to translating. *Translation & Interpreting*，2011,3(1)：1 - 9.

[11] Muegge, U. Machine Translation is as Ready for You as You are for MT. GALA Blog, 2013 - 03 - 05.

[12] Muegge, U. Dispelling the Myth of Machine translation. *Tcworld*, 2008 August:23.

[作者信息] 潘平亮,南京航空航天大学外国语学院副教授,硕士生导师;研究方向:翻译学,翻译与本地化。

创新与学习
——译者素养漫谈

台州学院　王爱琴

古代关于翻译有不同的称呼,如"东方曰寄,南方曰象,西方曰狄鞮,北方曰译"(陈福康,1992:11),还有"象胥"、"媒人"、"舌人"等均反映了译者在两种语言之间所起的桥梁作用。因此译者作为翻译活动的桥梁、主体,其素质如何,直接决定着译文的优劣。自古至今,关于译者素养的论述指不胜屈。隋代名僧颜琮(557—610)在《辨证论》中就对译者人格修养和治学能力提出了"八备"说:"诚心爱法,志愿益人,不惮久时,其备一也;将践觉场,先牢戒足,不染讥恶,其备二也;筌晓三藏,义贯两乘,不苦暗滞,其备三也;旁涉坟史,工缀典词,不过鲁拙,其备四也;襟抱平恕,器量虚融,不好专执,其备五也;耽于道术,淡于名利,不欲高衒,其备六也;要识梵言,乃闲正译,不坠彼学,其备七也;薄阅苍雅,粗谙篆隶,不昧此文,其备八矣。"(陈福康,1992:37)安东尼·皮姆(Anthony Pym)则形象地称译者能力为"1+1=2",即译者必须具有原语文本分析能力和相应的译语文本再现能力。想必就是余光中先生所说的,"成就一位称职的译者,该有三个条件。首先当然是对于'施语'(source language)的体贴入微,还包括了解施语所属的文化与社会。同样必要的,是对于'受语'(target language)的运用自如,还得包括各种文体的掌握。这第一个条件近于学者,而第二个条件便近于作家了。至于第三个条件,则是在一般常识之外,对于'施语'原文所涉的学问,要有相当的熟悉,至少不能外行。这就更近于学者了。"(余光中,2002:172)随着社会的发展,翻译走向了多元,因此要成为一名合格的译者,除了要具备扎实的双语功底、一定的文化素养、广博的专门知识和杂学知识、正确的政治觉悟与严谨的学风,还要具有高效的学习能力、新颖的创造力、突出的思辨能力等一系列的素养。

1　扎实的双语功底

翻译是语言艺术,翻译是一种语言活动,它要求译者熟练地掌握两种语言。这是翻译的根本前提,否则也就无法进行翻译。译者翻译的水准,首先取决于他对原作的阅读理解能力和鉴赏能力。为实现对原作的准确理解,译者须拥有足够的词汇,具有系统的语法知识,具备敏锐的语感。语感是个体把握言语的主要方式,是人在感觉层面无意识地进行言语活动的能力。如何才能获得敏锐的语感,提高译者个体的言语活动能力? 笔者认为需要进行大量的原著的阅读,及双语的比读,不断丰富自己的语言知识,提高自己的理解能力和鉴赏能力,从而提高自己的语言感悟能力。同时,要成为一名合格的译者,必须下工夫提高两种语言的表达能力。译者的译语表达能力是决定其译文质量的第二大要素。但凡在英译汉上有所作为的人在大量阅读英语原著的同时还必须大量阅读汉语原著,进行经常性的汉语写作训练,学会熟练驾驭和自如运用汉语的能力。反之亦然。如果原语功底不够,就会出现理解上的偏差;如果译语功力欠佳,译文就不可能准确,文辞就不可能到位。

例1

……妈妈水氏已故,别无儿女。(冯梦龙,2008:74)

译文1:

His mother, nee Shui, had died and she

had no other children except Qiu Xian.

译文2：

His wife, nee Shui, had died and left him no children.

译文1的译者显然对古汉语知识掌握不够，不懂古汉语的"妈妈"并不等同于现代汉语的"妈妈"，而是"妻子"的意思。理解错了"妈妈"必然会导致"别无儿女"的张冠李戴。

例2

Our grandmother did not lose her charm for us as she grew old.

译文1：

我们的祖母虽然年纪越来越老，却没有失去对我们的魅力。

译文2：

祖母年事日增，我们仍觉得她魅力未减。（余光中译）

译文1完全扣着照字面意思翻译，看似忠实地传递了原文，但行文不符合汉语规范，特别是译文的后半句，没有有效地传递原文信息，实为"不忠"；而译文2调整了语序，视点也做了适当转换，译文自然通顺多了。

若是译者本身双语功底不够扎实，学习或翻译过程中应善于学习和查阅，切勿想当然译之，否则容易闹出笑话来。

2　一定的文化素养

翻译不是借助于词典和工具书而搬字过纸的工作，而是两种文化之间的交流，缺乏对两种文化的对比研究，定难实现两种语言的成功转换，译者传达的只是语言层面，却难以通过语言传递其文化和精神，最终导致翻译质量低下。"对于真正成功的翻译而言，熟悉两种文化甚至比掌握两种语言更重要，因为词语只是在其作用的文化背景中才有意义……实际上，文化之间的差异比语言结构上的差异给读者带来的复杂性更多。"（Nida，1993：110）亦

如郭建中教授所说，"没有语言，文化就不可能存在；语言也只能反映文化才有意义，因为翻译首先涉及的是意义，而词只有与文化相关联才有意义，这就要求译者在进行语言操作的时候，具有深刻的文化意识"（郭建中，1998：12）。因此作为翻译不仅要熟悉两种语言，还要熟悉这两种语言背后的文化，具有相当的文化素养，才能在译语中充分传达原语文化，为译语读者所接受。原作能为原语读者所接受是因为原语读者熟谙原语文化，而译语读者对原语文化不甚了解，如果译者不能透彻把握原作深层的文化意蕴，不能准确捕捉原文的文化内涵，主动缩小原作与读者之间的距离，恰当予以传达，则翻译是难以成功的。王佐良先生也指出，"翻译者必须是一个真正意义上的文化人"（王佐良，1989：18）。文化素养对于一名译者的重要性由此可见一斑。如：2005年3月14日在第十届全国人民代表大会正式通过的《反分裂国家法》，英译没有用 Anti-Separation Law，而是 Anti-Secession Law，充分反映了译者不一般的跨文化素养。因为 separation 虽也指"分裂"，但更多是指因"政治理念"方面的分歧而引发的"分裂"，若如此译，恰好给了美国以口实。而 secession 意指"分裂"，不仅指组织形式上的退出、分离，还含有背叛国家的意思。1861年，美国南方11个州宣布脱离联邦从而引发美国内战。为维护国家的统一，美国于当年颁布了"反脱离联邦法"（Anti-Secession Law）。

例3

He repaired to Duke's Place and the synagogues. (Godwin，2008：298)

译文1：

他去杜克街和犹太教会堂。

译文2：

"他去公爵教堂原址的犹太贫民区和犹太教会堂（追踪我的藏身之地）。"

历史上 Duke's Place 原为基督教修道院，

后来亨利八世将其赐予托马斯·奥德利爵士，托马斯在该区域建起了房子，并由其女婿诺福克公爵继承，因而得名公爵区。17 世纪早期，原修道院教区的居民请求詹姆斯一世授权建造教堂。圣詹姆斯公爵教堂于 1622 年建成，到 17 世纪末期，该教堂每天都有多场仪式举行，被称为"婚姻工厂"，因而备受瞩目。虽 1666 年幸免于伦敦大火，但终因年久失修而倒坍，并于 1727 年重建。由于该地区的贫困以及与日俱增的犹太人使得筹资维修教堂的难度与日俱增，1874 年该教堂被拆除。小说中，金尼斯根据得来的种种零碎信息，推测卡拉布可能藏身该区域。因此这里的 Duke's Place 指的是"公爵教堂原址的犹太贫民区"。不能简单地音译为"杜克街"。

俗话说得好，勤能补拙。一个人的文化修养不是一蹴而就的，而是不断地学习、阅读、查阅、研究，累积而成。翻译过程中应勤动手，勤查勘，才不至于踩爆了文化地雷。

3　一定的专门知识和杂学知识

傅雷曾说："……译事虽近舌人，要以艺术修养为根本；无敏感之心灵，无热烈之同情，无适当之鉴赏能力，无相当之社会经验，无充分之常识，势难彻底理解原作，即或理解，亦未必能深切领悟。"（罗新璋，1984：695）言下之意，译者应具有广博的知识面，像一位杂家（to know something of everything and everything of something），才可以应对日后翻译中遇到的各种题材、各种问题。因为翻译的内容可以是多领域的，上至天文，下至地理，古今中外，大江南北，无所不包。那么，摆在译者面前的最重要的问题就是充分了解这些知识。否则，就会直接影响对原文的准确理解和对译文的正确表达。著名学者吕叔湘 1984 年在《翻译工作与"杂学"一文中》指出："上自天文，下自地理，人情风俗，俚语方言，历史上的事件，小说里的人物，五花八门，无以名之，名之曰'杂学'。"（姜倩等，2008：55）如缺乏医学知识，会误将 English disease（软骨病）译成"英国

病"。再如：

例 4

Serial position effects occur when people try to recall items from a list; items at the beginning and end are better recalled than the items in the middle. The improved recall for items at the beginning of a list is called a pri-macy effect. The improved recall for items at the end of a list is called a recency effect. (_Universal Principles of Design_)

人们要努力回想某一系列中的项目就会出现系列位置效应。位于系列开头和最后的项目比在中间的项目更易想起。对位于系列开头项目的记忆的提高称作首因效应，而对系列最后项目的记忆的提高称作近因效应。

原文中的 Serial position effects, a pri-macy effect, a recency effect 均为心理学现象，《最佳设计 100 细则》一书中含有大量的心理学理论和术语，若是译者具有广泛的心理学知识，不会将其译成"首要效应"或"卓越效应"，这无疑能大大增加译文的准确性和翻译速度。

4　高效的学习能力与创造力

在当今这个科技迅猛发展，信息瞬息万变的时代，任何人进行翻译，都存在着语言文化知识不足的问题，即使是在同一个领域，译者也不可能样样精通，译者得通过多方面的渠道去获取信息。因此译者具备良好的学习能力尤为重要。怎样去利用资源，尤其是有效地利用现代技术获取信息资源是现代译者必备的素养。学会建立和利用语料库翻译、网络搜索引擎辅助翻译、计算机软件辅助翻译等，可免于重复翻译信息，提高翻译的效率和质量。如利用 Google 检索工具，可以检索到别人的翻译成果，通过比对择优淘劣。例如，"人肉搜索"，这个由"网络搜索"衍生的新生事物，究竟该怎样翻译为好呢？我们可以对此进行高级检索，在"包含完整字句"栏里输入"人肉搜

索"，"包含全部字词"栏里输入设想可能含有的译文，如 search，hunt 等，得到的译文有 human flesh search，manpower search，human-powered search，cyber manhunt 等。然后，将搜索网页"语言"设置为英语，"区域"为美国或英国，分别对这些结果进行逐一检索，发现 human-powered search 在美国人气最旺，human flesh search 次之，但经综合分析，"人肉搜索"源自中国，human flesh search 理当成为首选。

再如，要制作省大学生运动会倒计时牌子（中英对照），就可通过互联网搜索，借鉴 2012 年伦敦奥运会的倒计时牌，＿＿＿ days countdown to the 2012 Olympic Games in London。但是我们的倒计时牌需要双语对照，不能完全照搬，根据汉语的版面设计，处理为：

例 5

浙江省第 13 届大学生运动会
THE 13TH UNI GAMES OF ZHEJIANG
距离 2011 年 11 月 23 日开幕
FROM THE OPENING CEREMONY
ON NOV. 23RD，2011
倒计时 ＿＿＿＿ 天
COUNTDOWN ＿＿＿＿ DAYS

外语学习除了要有高效的学习能力，还要有不断的创新精神，翻译学习更是不例外。学习者要具有敏锐的观察力、新颖的创造力。创造力是人类特有的一种综合性能力。它是知识、智力、能力及优良的个性品质等诸多因素综合优化构成的。它指产生新思想，发现和创造新事物的能力。它是成功地完成某种创造性活动所必需的心理品质。例如翻译中创造新概念、运用新方法、创造性地再现原文都是创造力的表现。它受创造欲望的驾驭，以寻求独特性与新颖性为目标，是建立在观察、想象、思维和操作等诸多能力基础上的一种更高能力。敏锐的观察力是创造能力的重要组成部分。作为学习者，要善于不断观察，对于各种语言现象非常敏感，随时随地储存各种新事

物、新表达方式，注重积累，并在此基础上加以创新，实现从量变到质变的飞跃。

比如常见的"甜言蜜语"英译表达有"honeyed words"、"sweet words"、"sugared words" 等，阅读中偶遇"whispering sweet nothings"，倍感兴奋，这尤为形象地传达了恋人之间甜言蜜语的内涵，whispering 传递出恋人之间为讨人喜的窃窃私语，而 nothing 则传递出其哄骗人的本质，nothing 还可以加以复数，进而还可以 whispering nothings 或 sweet nothings 直接表达"甜言蜜语"。

5 突出的思辨能力

思辨能力就是思考辨析能力。所谓思考指的是分析、推理、判断等思维活动；所谓辨析指的是对事物的情况、类别、事理等的辨别分析。思辨能力首先是一种抽象思维能力。正如古人云：博学之，审问之，慎思之，明辨之，笃行之。事不辩不明，翻译亦如此。比如破坏别人婚姻的"第三者"，常翻译成"the other man"、"the other woman"，可接受，但英语为母语者一般不接受用"the third person"来表达我们所指的"第三者"。"the third person"常指三人参与的不正常的乱性行为中的旁观者或助情者。见 The engagement of a third person in sexual intimacy adds to the erotic temperature of many marriages. The third person is either assigned a purely spectatorial role, or he（she）is given various oral and genital tasks to perform.（Ullerstam，1967：146）而作为破坏婚姻家庭的第三者显然不能翻译成"the third person"。搜索美国网页，有一专门网站 www. homewrecker. com，经私家侦探或其他跟踪等途径所得的第三者姓名、照片、不道德行为的证据等信息在该网站予以曝光和披露。这里的"home wrecker"（家庭粉碎机）正是我们所说的破坏家庭的"第三者"！

再看"土豪"二字的再次走红，其翻译亦须进行辨析考究。"土豪"原指"旧时地方上的豪强，即农村中有钱有势的恶霸地主"，《现代汉

语规范词典》此前仅收录了这个义项。然而，随着"土豪"这个词语网络新义的流行，第3版在修订的过程中也补充了新的义项，即"今也指富有钱财而缺少文化和正确价值观的人"。英国广播公司时尚节目（BBC Trending）于2013年10月31日介绍了"土豪"一词，直接使用了"土豪"的拼音（BBC，2013）。"tuhao"这一借词还引起了《牛津英语词典》（OED）编纂工作者的关注。对于"tuhao"进入英语世界之事，态度不一。"自豪者"认为，这是中国在全球影响力日益提升的一种表现，也是中国文化输出的一个重要契机；"担忧者"认为，该词本身带有贬义或嘲讽意味，有损中国人形象（信仁，2013）。"土豪"到底该怎么译？应客观地根据上下文灵活译之，如：conspicuous consumers，vulgarians，nouveau riche，bling gold，top dog，parvenu，luxury 等等，不然，可能造成将汉语词语的解释权拱手让人的局面。

6　正确的政治觉悟和认真负责的学风

翻译自古以来与政治就有着千丝万缕的联系，这种联系在今天变得越来越紧密和重要。翻译不仅仅是一种语言行为，更是"一种社会行为，受到政治、经济、文化、外交等各方面的制约，同时又反过来促进社会发展、文化交流和经济增长"（姜倩等，2008:48）。在外事翻译活动中，译者应具有高度的思想政治觉悟，避免一些有悖国家外交政策，有损国家形象的翻译。如，将"台湾问题"译成 Taiwan Issue，自然将其上升到了"争议"、"争端"的高度；"台湾问题"是内政，理应将其弱化处理，译成 Taiwan Question。将 American Power 翻译为"美国霸权"，与"美国力量"或"美国实力"则表明译者截然不同的态度。

译者认真负责的学风主要反映在两方面：

一是严谨、端正的工作态度。这种态度应贯穿译前准备、译中操作和译后校核三阶段。译前的充分准备，是保证译文质量的第一步。

包括仔细通读全文、了解原文的相关知识、查阅作者的背景资料。译中操作指的是全面透彻理解原文语言和文化的意义，理解原文的逻辑关系，再用准确得体的语言表达出来，这是第二步，也是最主要的一步。译后校核是第三步。译者应该对思想内容、语言表达、文体风格乃至标点符号等，从局部细节到整体效果进行仔细审校。我国许多著名翻译家对待工作的严谨学风，值得我们学习。比如朱生豪先生译莎十年，仅准备工作一项就花了大约一年的时间。他开始译的几个剧本，花的心血更多，常常是反复推敲，数易其稿。他完成了莎士比亚戏剧全集中的 31 个剧本。当前我们有的译者，不负责任，给翻译带来了很多负面的影响，给客户带来惨重的损失。比如，在外贸合同翻译中，错将 stainless steel 译成"钢"，等货到美国后才发现是中文版合同酿的祸。将大家熟知的法国启蒙思想家、社会学家 Charles-Louisde Secondat Montesquieu（1689—1755）（孟德斯鸠）译成"南提斯求"，将瑞士儿童心理学家 Jean Piaget（1896—1980）（皮亚杰）译成"皮尔盖"，则违背了翻译理论中约定俗成的原则。

例 6

解决台湾问题，实现祖国统一，是中国的内部事务，不受任何外国势力的干涉。（反分裂法第三条）

译文 1：

Solving the Taiwan question and achieving national unification is China's internal affair，with no interference by any outside forces.

译文 2：

Solving the Taiwan question and achieving national reunification is China's internal affair，which subjects to no interference by any outside forces.

译文 1 中将祖国大陆与台湾的"统一"仅译成 unification 是不够的，译文 2 将其译为

reunification,以表明台湾本来就是祖国领土的一部分,体现了译者的政治觉悟和文化素养。而且 internal 与 outside 的运用形成了鲜明对比。subject to no interference 表明一种坚决的态度。

二是敬业、乐业的主人公意识。两种文化的沟通是否成功,是否能达到预期效果,译者是关键。这也就意味着,译者仅仅对原文和原作者负责是不够的,他应该认识自己工作的意义,要对跨文化交际的效果负责。换句话说,译者不能够只把自己当成被动消极的"传声筒",而要有主人公意识,把自己当成主人。方平先生将毕生心血倾注于莎士比亚作品的翻译与研究之中,在中国莎士比亚研究领域作出了杰出的贡献。他领衔主译主编的诗体《新莎士比亚全集》是一部完全独立于以往中国其他翻译家翻译的"莎士比亚全集"新译本,他的诗体译本使中国读者有了一个不同于其他全集的新选择。若没有这种十年如一日的"甘坐冷板凳"的敬业乐业主人公精神,翻译断难做好。

7　合理的翻译策略

除了具有上述素质外,一个优秀的译者还必须掌握一定的翻译策略。一个译者可以不去过问翻译理论,但他决不会没有自己的翻译策略。因此,长期从事翻译实践的译者通过不断总结自己的翻译经验而获得可以具体应用于其后翻译实践中的思维、逻辑、结构转换等方法,形成独特的套路,做到事半功倍,驾轻就熟。常用的翻译策略有增词法、减词法、词性转化法、分译法、合译法、正译法、反译法、逆序法、重组法、综合法等等。但无论什么样的翻译策略,都离不开上下文语境或文化语境对翻译的圈定。

例 7

He claimed to himself the ingenuity of having devised <u>the half-penny legend</u>, the thought of which was all his own, and was an expedient that was impossible to fail.

译文:

他觉得自己真是一个天才,那半个便士的奇思妙想全是他一个人的,而且是势在必得的应急手段。

在前一章,金尼斯花半个便士将卡拉布事件登报,把他描述成一个能穿墙破门、声名狼藉的强盗,一个最成功的谎话连篇、心是口非、乔装易容的骗子。并将其内容编成顺口溜,希望能够抓到他。卡拉布偶然听到报贩的吆喝:"卡拉布·威廉姆斯! 最精彩绝伦、最令人惊奇的故事! 充满奇迹的冒险! 他的第一次行窃;他对主人的诬告;他的数次越狱;……,悬赏 100 个基尼。半个便士!"相隔一定的时空再出现 the half-penny legend,难以让人前后产生联系,要不是严谨细致,此处不易察觉其所指的内容。

例 8

……2003 年度被台州市人民政府评为"十佳农民专业合作社",市级"示范农民专业合作社",2004 年 7 月被农业部评为部级"示范农民专业合作社"。"忘不了"牌柑桔连续荣获浙江省柑桔博览会金奖,浙江省绿色农产品,农业部无公害产品,省无公害基地、临海市无核蜜桔"十大精品",2004 年 11 月"忘不了"牌商标被认定为台州市著名商标;2005 年 8 月荣获台州首届"十大农业品牌"等称号。

译文 1:

... "Ten Excellent cooperative farmer co-op" by Taizhou Government in 2003 and "Modern Rural Area farmer Co-op" by the Ministry of Agriculture in 2004 <u>were awarded</u>. "Never Forget" brand citrus product received Gold Award at "Zhejiang Citrus Expo", "Green Farm Produce" <u>in</u> Zhejiang Province, "Environment-friendly Farm Produce" by the Ministry of Agriculture, "Zhejiang Province Environment-friendly <u>Farm Product Base</u>" and "Top Ten Excellent

<u>Citrus Produce</u>" in Linhai City and others ...

译文 2:

... It was awarded Ministerial-level "Model Farmer Co-op" by the Ministry of Agriculture in 2004. "Remember Forever" (*Wangbuliao*) brand citrus product received Gold Award at "Zhejiang Citrus Expo", and "Environment-friendly Farm Produce" approved by the Ministry of Agriculture.

译文 1 有很多死译现象,而且没有考虑该文本的功能。译文 2 采取的是灵活的翻译标准,考虑了译文接受对象的文化差异,西方的企业介绍力求简洁、要点突出,像荣誉之类的阐述可以突出重点。比如译出农业部和省级的奖项和荣誉足以说明分量,其他画线句子但删无妨。此外,"忘不了"可正译为 Forget-me-never,或反译为 Remember Forever,Remember-me-forever,则效果更佳。

总之,作为一个译者,学习与创新应该是贯穿我们成为译者及作为译者整个历程的灵魂。译者所从事的绝不是一成不变的对象,每一次的翻译内容都可能是全新的,只有具备学习和创新的能力,即使我们本身还有欠缺,还可以在工作学习过程中不断弥补,不断提高。因此除了扎实的双语能力、一定的文化素养、广博的专门知识和杂学知识、正确的政治觉悟与严谨的学风,高效的创新与学习能力(包含新颖的创造力、敏锐的观察力、突出的思辨能力)应该是我们新一代译者不可或缺的重要素养。译无涯,学无涯。译漫漫其修远兮,必将上下中外而求索。

参考文献

[1] Godwin, W. *Caleb Williams*. Charleston: Bibliolife, 2008.

[2] Nida, E. A. *Language, Culture, and Translating*. 上海:上海外语教育出版社,1993.

[3] Ullerstam, L. *The Erotic Minorities: A Swedish View*. London: Calder and Boyars, 1967.

[4] 陈福康.中国译学理论史稿.上海:上海外语教育出版社,1992.

[5] 冯梦龙.醒世恒言.北京:华夏出版社,2008.

[6] 郭建中.翻译中的文化因素:异化与归化.外国语,1998(2):12 - 18.

[7] 姜倩,何刚强.翻译概论.上海:上海外语教育出版社,2008.

[8] 罗新璋.翻译论集.北京:商务印书馆,1984.

[9] 王佐良.翻译:思考与试笔.北京:外语教学与研究出版社,1989.

[10] 信仁."tuhao(土豪)"进入英语世界.光明日报,2013 - 12 - 28(12).

[11] 余光中.余光中谈翻译.北京:中国对外翻译出版公司,2002.

[作者信息]　王爱琴,台州学院外国语学院,教授。

批评鉴赏

西方人印象中的毛泽东诗词[①]

——以罗格·梅森英译《沁园春·雪》为例

广东外语外贸大学　张保红

摘　要：基于英语文学文化传统，从焦点透视的叙述、人物形象的重构以及诗意细节的取舍三大方面剖析了罗格·梅森对毛泽东诗词《沁园春·雪》的阐释与翻译过程，揭示了文学文化传统既有利于又有碍于文化间彼此交流的双重作用，提出了文学翻译中消除文学文化传统所构建的无形屏障的建议。

关键词：毛泽东诗词；西方译者；汉诗英译

罗格·梅森（Roger Mason，1941—　　），英国人，世界知名变质岩岩石学家和教育家。早年在剑桥大学学习岩石学，获博士学位。来中国之前，一直供职于伦敦大学。后在我国多所大学工作，自 1993 年起，长期在中国地质大学（武汉）任教，担任本科生、研究生英语教学以及该校地质学国家理科和工科基地班变质岩石学教学任务。梅森先生因其出色的工作业绩，于 2000 年获得湖北省"编钟奖"和"在华永久居留权"，2002 年获得中国国家"友谊奖"。梅森先生热爱中国，对中国文化兴趣尤浓，年逾古稀，仍坚持在中国老师的帮助下学习汉语，并尝试着翻译中国古典诗词，且时有译作见诸各类报纸杂志。

梅森先生的诗词翻译，因其敏锐的文学触角、丰富的想象力与扎实的本族语语言文化功底，其译文语言质朴晓畅、意象生动奇警、蕴涵深厚丰沛，艺术感染力尤强。以其刊载于《英语世界》2008 年第 9 期 24 - 25 页上的毛泽东诗词《沁园春·雪》英译为例，其将"欲与天公试比高"译为"Each strives to star in Heaven's highest show"，意象突出，新颖独特，意味隽永，弥漫着鲜明的时代气息。将"看红装素裹，分外妖娆。"创译为"Watch the land changing her scarlet robes to white/While your heart leaps at the seductive sight."，译文强化了"江山"神奇、魔幻的色彩（A robe is a loose-fitting outer garment worn in stories and role-playing games by wizards and other magical characters）与勾人魂魄（the seductive sight）且令人难以自持的意味（your heart leaps）；将"成吉思汗，/只识弯弓射大雕。"创译为"Even our Alexander, Genghis Khan/Bent his bow, not his brow above the Mongol tents."，成吉思汗"弯弓不攒眉的"从容镇定形象给人良多回味与诗意遐想；将原诗中描绘的今昔世事人生以"show"来贯穿与归结全篇（Each strives to star in Heaven's highest show—The show goes on—We look to heroes of the present show!），既闪烁着人生一曲戏的深沉哲思，又折射出人生"作秀"的谐谑与轻松，可谓用心良苦，意味悠长！如此等等，不一而足。然而，由于其西方人的身份以及自身文学文化传统的影响，梅森先生"印象"（其在该译诗的尾注中说："This is an impression rather than a translation，…"）中的毛泽东诗

① 本文为国家社会科学基金项目（11BYY016）、新世纪优秀人才支持计划项目（NCET - 13 - 0742）与广东省高等学校高层次人才项目（312 - GK31037）的部分研究成果。

词《沁园春·雪》呈现出典型的西方表情模式与认知特色,这主要体现在以下三个方面,试申说之。

1　焦点透视的叙述

中西传统审美方式各具自身的特色,其显在的差异主要表现在:"在观照方式上,中国采取仰观俯察,远近往还的散点游目,西方运用的是选一最佳范围,典型地显示对象的焦点透视。"(张法,1997:288)散点游目可以让观者"自由无碍地同时浮游在鸟瞰、腾空平视、地面平视、仰视等等角度,不锁定在单一的透视"(叶维廉,2002:3)。其体现在诗歌中,则使诗人超越时空的局限把大量的意象组织在一起,让多种认知的变化同时交汇在观者的感受网中。焦点透视因视点固定"使(观者的)视线在一个有限的范围内做层层探究往纵深发展",让人看到的是"一个特定时间下物象一瞬的并列关系"(冯民生,2007:132)。其表现在诗歌中则使诗人难以超越时空的局限,致使诗歌中的意象系列呈示只能在一定时间或空间的线性上流动。中西审美方式的差异往往直接影响到译者对诗歌中意象系列的呈现状貌。

在《沁园春·雪》中诗人仰观俯察天地山川,"鸟瞰"古往今来,将自己的认知与感悟通过系列意象同时并发地呈现在读者面前,读者跟随着诗人的笔触游走在祖国雄伟壮丽的山川与豪迈苍劲的历史画卷中,不知不觉便为诗人革命的乐观主义、浪漫主义以及强烈的民族自信心所感染。在梅森先生的译文中,我们首先看到译者选择出固定的视点:Behold the North!(北国风光)接下来诗中系列意象呈直线推进,"万里雪飘。/望长城内外,/惟余莽莽;/大河上下,/顿失滔滔。"被译为"While ten thousand miles of snowflakes fall, /Settling inside and outside the Great Wall. /Along the mighty river, /Above, below, a pause/Before the flakes unleash a storm."这组诗句回译为中文便是:万里雪花飘落,飘落在长城内外,飘落在大河沿岸、在河岸上空、在

河岸之下,暂停歇,在暴风雪来袭之前。不难看出,由于译者视点在时空上未能进行跳跃腾挪,远近往还,原诗辽阔雄浑、空灵洒脱的豪迈抒怀,在译文中很大程度上被"选择性地坐实"为对当时当地宏大自然天气现象的细致描绘。同样,译者继续沿着这一直线思维向前推进,将"须晴日"译为"透过清冽的空气"(Through the clear air),而不是诗人意指的"待到天晴日出"这一变换后的时空。在处理"(俱往矣,)数风流人物,还看今朝"上,译者也是紧承上文而来,遵循着直线逻辑思维运笔——秦始皇缺乏诗才,汉、宋、唐精武的祖辈缺乏文学触角,成吉思汗只知弯弓(Pity our eastern Caesar, Qin Shihuang/Who couldn't compose a commentry in verse, /And warrior sires of Han, Song and Tang/Who had such little literary sense. /Even our Alexander, Genghis Khan/Bent his bow, not his brow above the Mongol tents.),他们完成不了写下眼前美景的任务,所以要将眼前之胜景,心中之情思赋诗成文,我们只得有赖于当今的主角或英雄了(And so to put such scenes and thoughts in rhyme/We look to heroes of the present show!)。如此这般释译,是有别于习惯"散点游目"思维的汉文化读者的想象的。

在篇章结构上,译文前后两个诗节(stanza)合而观之,整体上依然呈直线推演,前一节有"star in Heaven's highest show",后一节我们可读到"The show goes on",译文的最后又读到了"We look to heroes of the present show!"忽然间,我们意识到译者是将原作演绎为由观雪景而感发的对一曲世界人生大戏的深沉思考。比较文学学者钟玲(2003:127)说:"在西方文学传统与艺术传统中,大自然常常只是人类活动的背景,或人类心智沉思的对象。"这一点在梅森的译文中表现得可谓不折不扣。综而观之,梅森的表情模式是典型的焦点透视思维方式,而这种思维方式在传统英诗中也是极为常见的。兹录英国浪漫主义诗人威廉·华兹华斯(William Wordsworth,

1770—1850)的经典名篇"The Solitary Reaper(孤独的刈麦女)"做一比对,以窥一斑。华氏全文如下:

Behold her, single in the field,
Yon solitary Highland Lass!
Reaping and singing by herself;
Stop here, or gently pass!
Alone she cuts and binds the grain,
And sings a melancholy strain;
O listen! for the vale profound
Is overflowing with the sound.

No nightingale did ever chaunt
More welcome notes to weary bands
Of travellers in some shady haunt,
Among Arabian sands:
A voice so thrilling ne'er was heard
In spring-time from the cuckoo-bird,
Breaking the silence of the seas
Among the farthest Hebrides.

Will no one tell me what she sings? —
Perhaps the plaintive numbers flow
For old, unhappy, far-off things,
And battles long ago:
Or is it some more humble lay,
Familiar matter of to-day?
Some natural sorrow, loss, or pain,
That has been, and may be again?

Whate'er the theme, the Maiden sang
As if her song could have no ending;
I saw her singing at her work,
And o'er the sickle bending;—
I listened, motionless and still;
And, as I mounted up the hill,
The music in my heart I bore,
Long after it was heard no more.

笔者不厌其详,全文引述,只因梅森先生

译文的开篇方式及其整个运思方式、轨迹与华氏之诗极为相似。华氏诗中诗人/"我"以"看"苏格兰高地的孤独刈麦女(Behold her)为起点,接着具体描绘其刈麦的劳动细节与悠扬的歌声,并类比其歌声的婉转美妙,继而写从歌声中"听到的"古往今来的世事人生,最后写其歌声对诗人/"我"的影响。比照读来,华氏之诗"看的是刈麦女",梅森的译文"看的是北国(Behold the North!)";华氏围绕着"刈麦女悠扬的歌声"展开想象与发挥,梅森的译文围绕着"北国飞舞的雪花"进行想象与延展;刈麦女的歌声在华氏的心中久久回荡,给人带来人生的思索与启迪,雪花飞舞的情景在梅森的眼中不断流转推演,给人带来人生的深沉哲思。合而观之,华氏的经典之作《孤独的刈麦女》仿佛就是梅森先生翻译时内心参照的底本。

2 人物形象的重构

谈起作品中的人物形象,我们常倾向于将其与小说创作联系起来,但人物形象的刻画并非小说的专利。短小精炼的诗文虽在篇幅上难以做到对人物形象从外貌、性格、心理、社会地位、文化修养等方面进行浓墨重彩的描写,但通过作者行文中对人物(如果有的话)的简笔勾勒或只言片语,我们依然可以根据自身生活的经验与文学文化知识,借助想象构建出一个个神情饱满的个性人物形象。

在《沁园春·雪》中,我们读到"须晴日,/看红装素裹,/分外妖娆。//江山如此多娇,/引无数英雄竞折腰。"时,脑子里情不自禁会幻化出美丽女性的形象。也正是基于这样的想象,有的西方译者在其译文中通过"化隐为显"的方法将这位"隐在的女性"进行了显化。比如,On days of sunlight/the planet teases us in her white dress and rouge.//Rivers and mountains are beautiful/and made heroes bow and compete to catch the girl—lovely earth. (tr. Willis Barnstone & KO CHING-PO)而有的译者则通过"以隐对隐"的方法进行传译。比如 Some fine day you will see the land/dressed in red，wrapped with white，/flirting，enchanting. //Rivers and mountains are so beautiful/heroes compete/in bowing humbly before them. (tr. Hua-ling Nieh Engle & Paul Engle)无论是采用化隐为显，还是以隐对隐的方法，我们注意到在译者的头脑中均有个美人形象或特质做参照。孟子曰："目之于色也，有同美焉。"虽说出了人们审美的共同性，但细按中西文化对"美色"的描绘，其间内涵的差异也颇为显在。读原诗，我们想象中的东方女性是高贵典雅、含蓄庄重、含情脉脉的，这是我们的文化传统所塑形的经典女性形象。而在上列两例译文中，我们分别看到tease(to deliberately make someone sexually excited without intending to have sex with them)，flirt(to behave towards and talk to someone as though you are sexually attracted to them，but not in a serious way)这样的字眼。而这样的字眼在中国译者笔下（比如赵甄陶译，1992；黄龙译，1993；许渊冲译，1993；辜正坤译，1993），则是难觅踪影的。梅森的译文又一次让我们看到西方文化中"勾勒"美人形象时的用词。原诗中可想象的"东方美人"衣着猩红，分外炫眼（her scarlet robes），其"举止仪态"风情万种，热辣奔放（the seductive sight），令人心荡神驰（your heart leaps at the seductive sight，该句结构似效仿了华氏诗句"My Heart Leaps Up"）。合而观之，梅森及其他西方译者如此"勾勒"美人形象，本质上同出一辙，他们应是共同参照了自身文学传统中的经典女性形象或特质才做出的选择。西方译者笔下女性形象或特质的养成，离不开其自身文学传统的濡染与塑造。为了进一步比较说明，兹引英国诗人罗伯特·赫里克（Robert Herrick，1591—1674）的诗作"Upon Julia's Clothes"为例进行比读，以窥一斑。其诗全文如下：

Whenas in silks my Julia goes
Then，then（me thinks）how sweetly
That liquefaction of her clothes.

Next，when I cast mine eyes and see
That brave vibration each way free；
O how that glittering taketh me！

在赫里克的诗作中，我们看到朱莉娅（Julia）走来，罗衣飘飘（liquefaction），芬芳扑鼻（sweetly），色泽光灿（brave），身姿妖媚（vibration），无拘无束（each way free），芳华四射（glittering），其馨香、媚姿令"我（I）"情摇意夺，神魂颠倒（O how that glittering taketh me!）赫氏笔下的朱莉娅身着绸衣（in silks），梅森笔下的女性身着锦袍（scarlet robes），两者同样光彩照人，同样令人心旌荡漾。至此可见，梅森是用从西方文学中习得而来的经典女性形象或特质重构了原诗中隐的东方美人形象。值得一并指出的是，梅森译文的这种表现方式也带有典型的西方色彩，即西方译者在构建美人形象时，多倾向于将观者的反应表现出来。德国美学家莱辛（1979：120）说："诗人啊，替我们把美所引起的欢欣、喜爱和迷恋描绘出来吧，做到这一点，你就已经把美本身描绘出来了！"无独有偶，美国诗人史耐德（G. Snyder）将《长恨歌》中的名句"回眸一笑百媚生"译为"A turn of the head，one smiled/hundred lusts were flamed"（回头一笑/一百种欲念被点燃起来），就此译句钟玲（2006：160）评价说："原是描绘杨贵妃之千娇百媚，史耐德却改写为男性对杨贵妃着迷的反应。"对比阅读，梅森与史耐德的认知视角与表情方式可谓不谋而合，同出一辙，也因之给人耳目一新之感。

此外，在传译"秦皇汉武"、"唐宗宋祖"的形象时，译者均译以战斗英雄。将"汉武"、"唐宗宋祖"译为"warrior sires of Han，Song and Tang"，在译"秦皇"时，以西方的"Caesar"类比，译"成吉思汗"时，以"Alexander"来比附，译者的用意在其随文尾注里做了说明，但其说明中对这两位西方人以"military heroes"称之，也就是说在梅森先生的心中"秦皇汉武"、"唐宗宋祖"最为突显的身份首先是武将身份，这也是西方人常见的认知模式。"西方人通常把勇敢善战,能以力量征服对手看作最大的美德,因此在西方各国的历史上,那些勇于冒险和扩张,功勋卓著的君主和将帅总是得到人们广泛的崇敬,例如希腊化时期的亚历山大大帝,罗马帝国的凯撒大帝,乃至近代的法国皇帝拿破仑均是因此而成为名垂青史的大英雄。"(徐行言,2004:96)这与中国文化宣扬的以德服人,以礼治国的"圣王"模式是大不相同的。相比之下,在中国译者的笔下,几乎无一例外地均将"秦皇汉武"、"唐宗宋祖"翻译为或注释为"emperor"或"king"。由此观之,译者在处理汉文化中的"历史人物"进行身份定位时,潜移默化地以西方历史文化认知视角进行了选择性彰显。

3 诗意细节的取舍

张今在其著作《文学翻译原理》(修订版)第 56 页上说:"文学翻译需要真实地再现原作中包含的生活映像。为了达到这个目的,首先译文中的生活映像在细节上必须和原作中的生活映像一致。不然译文同原作相比,就会面目全非。而要想达到细节真实,在翻译艺术中,就必须遵守同一律。所谓同一律就是,译文中所表达的形象内容与逻辑内容和原作中所表达的形象内容与逻辑内容,必须同一。"毛泽东的《沁园春·雪》作于 1936 年 2 月,正是红军渡河东征进入山西,出师抗日期间。全诗以咏雪起兴,赞美了北国的苍茫大地与大好河山,评论了祖国的历史,也歌颂了祖国的今天与未来。诗中千里冰封的是北国的山川大地,这是不言而喻的。而译者将"北国风光,千里冰封"译为"Behold the North! /A thousand miles of water sealed by ice"(看北方! 千里水域为冰所封),这里译者选择性地翻译了冰封的北国"河川",而非"大地",据此我们很难说译文违背了细节真实,也很难说违背了同一律。但经验告诉我们,从汉文化传统出发我们通常不大会做出这样的选择。那么梅森做出如此选择,是否另有动因呢? 文化地理学认为,自然地理条件的不同,往往会孕育出不同

的地域文化。站在中西大背景上来看,"如果说中华文明之树是植根于一片为江河所滋润的大陆,那么西方文化之舟则是诞生于蓝色的波涛之中"(徐行言,2004:35)。简而言之,中国文化属于内陆文化,西方文化属于海洋文化。也许是基于这一原因,梅森的译文做出了上述的选择。可以做一比照的是,辜正坤先生将此句译为:A thousand li of the earth is ice-clad aground.

其次,原文开篇"北国风光,/千里冰封,/万里雪飘。"为广角镜头,随之聚焦到"一个隐在的观者"身上(望长城内外),而后又推为广角,"隐在的观者"既是客观的观察者,又是亲身的参与者,俨然已化为了自然的一部分,传达出鲜明的"天人合一"感。换而言之,"中国人眼中的人是无言独化的宇宙的一个部分"(马奇,1994:222);而译文一开篇就将"隐在的观者"凸显出来,随后一切均在"隐者"的视线之内呈现,给人"天人相分"感,也就是说"西方人眼中的人却是独立于客体之外的主体。"(同上:222)。就此细节运演从整体来看,译文与原文有部分重合的一面,但更多的还是差异,也因此彰显出西方译者传统的认知与思维模式。

再次,译者在译文中还略去了表现苍茫、雄浑氛围的细节"惟余莽莽",改写了"大河上下,顿失滔滔"、"俱往矣,数风流人物"等细节,创译了细节"(成吉思汗,)只识弯弓射大雕"[Bent his bow, not his brow above the Mongol tents 似借鉴了坎皮恩(T. Campion)之诗"Cherry-Ripe"中诗句"Her brows like bended bows do stand"]。译诗中对原作"细节"的转换、取舍与改写显在地彰显着梅森先生对毛泽东诗词的"西方式的选择性"解读与表达,也从多角度完成了其译文整体审美的再建构。文学创作中人们常说"于细微处见精神",在文学翻译中笔者认为还可再向前延展一句"于细微处见跨文化特色"。在源语文化里毛泽东诗词是这样写的,汉文化语境的读者是这样读的,在目的语文化里梅森先生却是那样在读与译,

这便是跨文化交流的现实。

4 结 语

"翻译不是在真空中产生的"(Lefevere,2010:iii)。梅森先生的译文虽是"an impression"的再书写,但也显在地受到了他自身文学文化传统的影响。可以这么说,他是以自己的文学文化传统为参照系来认知、阐释与传达中国文化经典的叙述方式、人物形象与诗意细节的,这符合英语读者的运思方式与审美期待,也有利于译文在英语世界的传播与接受。他的译文也许只是一定维度再现了毛泽东诗词的内涵,但作为来自英语世界的一位普通读者,他向我们真实地呈现了中国文化经典是以什么样的方式与形态走进英语世界读者心田的,换句话说,英语世界的普通读者是怀着怎样的期待与诉求来学习与接受中国文化经典的。梅森先生的译作具有文学文本的艺术整体性,可以独立成篇,其翻译个案也许对我们今天进一步做好译文的读者反映研究更具启示价值与借鉴意义。

诗难译,甚至是不可译。人们之所以做出这样的评断,最主要的困难应是如何忠实地转译与再现原诗的艺术表现形式及其所蕴含的意蕴。但我们若转换视角,从历时与共时的诗学观来看,译诗就变得并非那么困难,可以这么说,在诗学的范畴内,一切诗都是可译的,甚至还不是那么难译。因为译诗过程中译者遵循了不同的诗学规范,译诗也就有了文学发展进程中或共时或历时的个性化诗学特色。倘若从译者类型的视角看,对这一问题的解读还会再进一步。通常而言,学者型译者多注重传译原诗的诗学规范,亦即原文文体特征及其内涵。诗人型译者多注重在原诗的基础上进行诗意创造与实验,即一边翻译原诗,一边创新与试验新的诗学规范,比如庞德(E. Pound)、雷克斯罗斯(K. Rexroth)、史耐德(G. Snyder)等译者即是。而普通读者型译者多注重在原诗的翻译中实践与演绎自身传统中已有的诗学规范及表现方式,通俗地说,他们更看重原文诗意的表现是不是契合他们的审美期待或所熟知的诗学特色,比如梅森等这类译者即是。当然这三类译者的划分并非泾渭分明,你中有我,我中有你的情形是可能的,也是常见的。

从中西文学文化交流的历程上来看,梅森先生的如此翻译并非独特的个案,检视翟理斯(H. A. Giles)、宾纳(W. Bynner)、庞德、威廉斯(W. C. Williams)、雷克斯罗斯(K. Rexroth)等西方汉诗英译名家的译作[①],我们也都会看到西方文学文化传统的不同元素在不同历史时期以相同或不同的方式或隐或显、或主或次、或强或弱、或多或少地穿行于译文中间的身影,笔者认为这种现象还会一直伴随着整个中西文学文化交流的始终。但所需指出的是,译者将由自身文化的先有、先在与先识构成的前理解,亦即叶维廉(2002:136)所说的"文化模子"(我们的观、感、思、构、用字、传意、阅读、解读都是受制于历史语言文化在我们意识中成形的模子)带入原文的理解与译文的表达,在促进文学文化的交流与传播之时,也构建起了一道无形的屏障,即改变或遮蔽了原文某些民族文化特色以及艺术个性。那么,如何尽可能有效地调整与修正译者的文化模子对所译文本的文化改写或操纵,从而逐步破除这无形的屏障呢?笔者认为解决问题的关键是译者要立足于对双语文学文化传统的深入学习,充分了解双方的文化共核以及各自文化的核心特色关切,本着文学文化交流是对话中的相互了解、彼此融合以及协同发展与共同

---

① 可参看李春长的《〈神州集〉对中国女性的再审视》载《江西社会科学》2007 年第 5 期;黄立的《英译唐宋词中女性形象的美国化》载《山东外语教学》2013 年第 4 期;张保红的《诗学的实践、借鉴与创新——威廉·卡洛斯·威廉斯汉诗英译研究》载《翻译季刊》2014 年第 1 期;丁振琴的《探析肯尼斯·雷克斯罗斯英译李清照诗词中女性形象的改写》载《东方翻译》2015 年第 2 期。

提高的认知思路与平等心态,这样才会在翻译中逐步调整、修正与充实自身文化模子的内涵以及丰富自身表情达意的方式、方法,从而尽可能减少或避免无论是有意、还是无心的自我中心主义的肆意改写或操纵。这既是一个理想的倡议,也是每一个译者需努力为之奋斗的目标!

参考文献

[1] Barnstone, T. & Chou, P. *The Anchor Book of Chinese Poetry*. New York: A Division of Random House, Inc., 2005.

[2] Engle, Hua-ling N., & Engle, P. *Poems of Mao Tse-tung*. New York: Simon and Schuster, 1972.

[3] Lefevere, A. *Translation, Rewriting, and the Manipunation of Literary Fame*. 上海:上海外语教育出版社,2010.

[4] 冯民生. 中西传统绘画空间表现比较研究. 北京:中国社会科学出版社,2007.

[5] 顾子欣. 英诗 300 首. 北京:国际文化出版公司,1996.

[6] 辜正坤. 毛泽东诗词(英汉对照韵译). 北京:北京大学出版社,1993.

[7] 黄龙. 毛泽东诗词英译. 南京:江苏教育出版社,1993.

[8] 莱辛·拉奥孔. 朱光潜译. 北京:人民文学出版社,1979.

[9] 马奇. 中西美学思想比较研究. 北京:中国人民大学出版社,1994.

[10] 桑隆康等.《变质地质学》课程双语教学的实践与成果. 北京大学学报:哲学社会科学版,2007(5):151-153.

[11] 徐言行. 中西文化比较. 北京:北京大学出版社,2004.

[12] 许渊冲. 诗书人生. 天津:百花文艺出版社,2003.

[13] 许渊冲. 毛泽东诗词选(汉英对照). 北京:中国对外翻译出版公司,1993.

[14] 叶维廉. 中国诗学(增订本). 北京:三联书店,2002.

[15] 张法. 中西美学与文化精神. 北京:北京大学出版社,1997.

[16] 张今. 文学翻译原理(修订版). 北京:清华大学出版社,2005.

[17] 张首映. 西方二十世纪文论史. 北京:北京大学出版社,1999.

[18] 赵甄陶. 毛泽东诗词(汉英对照). 长沙:湖南师范大学出版社,1992.

[19] 钟玲. 美国诗与中国梦. 桂林:广西师范大学出版社,2003.

[20] 钟玲. 史耐德与中国文化. 北京:首都师范大学出版社,2006.

[作者信息] 张保红,男,广东外语外贸大学高级翻译学院教授,博士,翻译学研究中心研究员,主要从事文学翻译和中英诗歌比较研究。

文学翻译中文化传真之考辨
——以葛译莫言《红高粱家族》中民俗文化翻译为例

南京工业大学　余世洋　尹富林

摘　要：中国文学作品的海外译介一直成为学界的关注焦点。文学作品的外译必然牵涉其中的文化信息的传播。如何真实有效地传播文化信息，学者们莫衷一是。本文基于有"中国现当代文学首席翻译家"称号的美籍汉学家葛浩文翻译的获诺奖作品——莫言的小说《红高粱家族》中民俗事项的英译为切入点，采用数据统计，发现葛氏采用意译为主并辅以直译和直译＋意译的译法来处理民俗文化。经过模糊集合中的隶属度方法验证葛氏的译法，本文认为其以读者为旨归的翻译理念既可保持译文的可读、易懂，又可最大限度的译介源语的民俗文化，应作为中译外效法的一个楷模。

关键词：民俗文化；《红高粱家族》；传真；翻译策略

1　引　言

为了能使中国优秀的文学作品顺利译介到西方，中国学者、作家、翻译家、相关的机构甚至政府部门等做了许多努力：20世纪50年代有《中国文学》英文版与法文版的创刊；80年代有中国文学出版社的成立及"熊猫"系列译丛的策划发行；世纪之交"大中华文库"项目的设立；在2004年中国外文局还成立了"对外传播研究中心"以及2010年年初"中国文学海外传播"工程的启动；此外全国哲学社会科学规划办于2010年首次批准设立中华学术外译国家社会科学基金项目（胡安江，2010：10）。虽然有这些不懈努力，但中国文学作品在境外的传播仍是"步履蹒跚"。根据2011年《中华读书报》对中国文学在美国图书市场的情况进行的分析：2008至2010年的三年间，美国出版翻译汉文作品共计29种，其中真正来自中国内地作家的作品仅有19种，可以说是品种少、销量低，且没有什么名气，即一少二低三无名（华燕，2013：92）。虽然我们仍然在研究如何使"中国文学走出去"，可实际上还是"中国文学"尚未完全"走出去"。因此，中国文学作品的海外译介研究有着重要的现实意义。

文学作品的创作是无法脱离特定的文化。中国优秀的文学作品与中华文化可说是血肉相连。文学作品的境外译介一定意义上就是中华文化的海外传播。故而不论是文学"走出去"还是文化"走出去"，都是文学翻译或文化翻译的问题。中国作家莫言的作品在西方的译介与成功并继而获得诺奖，翻译是基础条件（许方、许钧，2013：6）。基于文学译介的现实意义，笔者尝试研究文学翻译作品中的文化传真问题。

文化可以分成两大类：一类包括文学、艺术、音乐、建筑、哲学、科学技术成就等集中反映人类文明的各个方面；另一类包括人们的风俗习惯、生活方式、行为准则、社会组织、相互关系等（戚雨村，1992）。其中，民风民俗是一个民族在长期社会生活中相沿成习、代代传承的核心精神，是一种文化区别于另一种文化的显性标志。世界各民族在繁衍过程中，在不同的自然和人文环境的制约与影响下，形成了丰富多彩、各具特色的民风民俗，产生了大量体现这种特异习俗的"民俗文化语言"。作为社会现实的一面镜子，文学作品总是反映着具有丰富内涵的民俗文化词（党争胜，2015：93）。在某种程度上，这些词语给翻译增设了难点。有学者认为民俗文化的翻译应提倡异化（姜智慧，2010；吴斐，2014）；也有学者主张将归化与异化二者结合起来（党争胜，2015；杨琳、刘怀平，2013）。还有学者提出"图像传译法、模仿法、替代法、阐释法、淡化法"等五种策略（马慈祥，2009）。

实际上从翻译策略的角度来看，大多数学

者都想利用零散举例来说明:是意译或归化合适还是直译或异化为佳。很少有人选择一定语料,进行统计归纳。

基于上述分析,本文拟选取反映民俗文化最为明显的小说《红高粱家族》及其英译文本,作为研究语料,探究其翻译策略以及在文化翻译中如何体现忠实等基本问题。

2 民俗文化概述

民俗即民间风俗是指一个国家或民族中广大民众所创造、享用和传承的生活文化。民俗起源于人类社会群体生活的需要,在特定的民族、时代和地域中不断形成、扩布和演变,为民众的日常生活服务。民俗是人民大众创造、享用和传承的生活文化。它既包括农村民俗,也包括城镇和都市民俗;既包括古代民俗传统,也包括新产生的民俗现象;既包括以口语传承的民间文学,也包括以物质形式、行为和心理等方式传承的物质、精神及社会组织等民俗。它既是一种历史文化传统也是人民现实生活中的一个重要部分。民俗是民间文化中带有集体性、传承性、模式性的现象(钟敬文,2010:3-4)。

每一个作为社会的人,都生活在确定的地域以及地域文化当中,并且是自身所属地域民俗文化的组成部分。现代哲学人类学大师、德国的兰德曼教授在其名著《哲学人类学》中指出,当生物人类学试图单纯从生物结构来了解人时,同时也丧失了人的完整性。只有不仅把肉体,而且把人的文化都视为人的存在,才能建立完整的人的形象。由此可见,人的社会存在始终生长在民俗文化的根基之上,而且,不同地域、不同时代的民俗也常常迥异殊别。民俗文化成为人类区别于异类的根本标志,成为表现和鉴别民族或地域族群的自身特征,同时也成为展示和衡量人类多样性、复杂性的重要标尺。民俗与人相伴相生,不同的民俗文化在有形无形中对人类生活的各个方面均产生深沉的影响(叶涛,2005:253)。

可以说,世界上凡有人类活动的地方,便有民俗文化的存在。无论那里的自然环境和气候如何,生产方式和生活方式如何,社会发

展如何,也无论那里的氏族、部落、部族和民族有多小,民众都会创造出属于自己的、有独特风格的民俗文化。民俗文化是人类在不同的生态、文化环境和心理背景下创造出来,并在独特的历史发展过程中积累、传递、演变成的不同类型和模式的文化,民俗文化是一个国家民族精神的重要载体,是民族文化的重要组成部分(高蕾,2008:48)。

中国是一个农业古国,在数千年的历史发展中,形成了自己的民俗文化特色,这种特色也正是通过民俗文化体现出来。如,旧历新年要扫尘、贴春联、吃年夜饭、放鞭炮等习俗。在中国,许多习俗自先秦两汉就已经定型并传承至今。由此可见,中华民俗已完全地融入到每个中国人的血液里。作为现当代文学作品,自然充满着各种中华民俗。

3 研究设计与方法

3.1 研究语料

本次研究语料采用作家出版社2012年出版的莫言的《红高粱家族》的中文本。该版小说共由5个短篇组成,分别是:红高粱、高粱酒、狗道、高粱殡和奇死,共计351页。

英文版为 Arrow Books 于2003年出版的美国汉学家葛浩文(Howard Goldblatt)英文本 *Red Sorghum*。该版也由5部分组成,与中文本形成对应。分别是:Red Sorghum, Sorghum Wine, Dog Ways, Sorghum Funeral and Strange Death,共计378页。

3.2 研究设计

首先,统计出中文版《红高粱家族》中所有民俗事项。在莫言小说《红高粱家族》中无论是从人物的称谓、服饰、语言还是小说中的事件、家居物品都能感受到中华民俗文化的特色。本文从小说中选择出八类民俗:物质生活民俗、社会组织、岁时节日民俗、人生仪式、民间艺术、民间医学、民间语言、民间艺术,作为分析的路径。按照上述类别,笔者共检索出70个民俗事项。为了保证数据的准确性,反复检索4遍,确认无误后,接着再依据中文检索出英文版中的对应英译。

其次,按照意译、直译和直译+意译或音

译加注释(本文的意译是指译者只是按照源文的意义译成译语。直译是指按照源文字直接译出。直译＋意译是指这两种方法的综合,既有照源文字直译又有依源文字意译。三个类别来将检索出来的民俗事项归类。然后分别统计出各个类别的具体项数:意译的有 40 项,直译的有 21 项,直译、意译结合的有 9 项。并通过非参数检验中的卡方检验(X^2)统计出这三种译法是否有统计显著性。

最后,按照模糊数学的相关原理来研判译文对于源文的忠实度。

3.3　研究方法

与自然科学的实证性不同,人文学科常被人们称之为评价性科学……翻译学属于人文科学,它是十分需要评论与批评的(吕俊,2006:53)。而研究方法可以分为定性的评价研究和定量的评价研究两种……(桂诗春、宁春岩,1997)目前,翻译质量评价研究方法的薄弱点是量化研究。什么是量化研究? 有学者认为:"量化研究"并不等同于"定量研究",因为翻译质量的量化评价研究绝不局限于完全形式化的"定量",在量化过程中势必会有定性的判断。定量与定性相结合,突出定量研究的优势,在定量研究的基础上得出定性的结论,是为"量化研究"(张霄军,2007:80)。

基于以上认识,笔者拟采用量化研究的方法来评析美国汉学家葛浩文翻译的《红高粱家族》文本。

传统的翻译评价标准是基于源文来比对译文的信与不信两元评价。就中译英来说,东西方在语言、文化、习俗等许多方面有着诸多差异,故假使仅在信与不信之间做出抉择,那么译文的评价只是一个是与非的问题。这显然不符合实际需要。对大多数译本来说,用"极、很、较、略"等模糊词来衡量,才更为切合。如何将这种模糊的分等加以量化,则属模糊集合理论的范畴。模糊集合可以描述是与非之间的中间状态(范守义,1987)

模糊集合(Fuzzy Sets)是美国控制论专家 L. A. Zadeh 于 1965 提出的。依据 Zadeh 所创理论,模糊集合完全由隶属函数来刻画;需要用一个介于 0 与 1 之间的数来反映元素从属于模糊集合的程度。与此同时,隶属函数的具体给定也少不了人脑的加工。这就意味着必然受到人的心理因素的影响,即隶属函数带有主观成分。但是大量的心理学实验表明,人的各种感觉所反映出来的心理活动与外界的物理本质之间保持相当紧密的关系。因此,有学者(范守义,1987;李鸿吉,2005)就采用隶属函数来评价主观的实际——评价翻译质量。继范守义之后,徐盛桓、穆雷进一步探讨了模糊集合理论对于译文信度的评价意义(穆雷,1991:43)。后者仅限于翻译教学中对学生译作的评价。鲜见有用之于文学作品的英译研究。

本文采用模糊集合中的隶属度,用定量和定性相结合来研究民俗文化英译的忠实度。隶属度的衡量等级见表1:

表 1

	极信	很信	相当信	比较信	有些不信	比较不信	相当不信	很不信	极不信
1	0.9	0.8	0.7	0.6	0.5	0.4	0.3	0.2	0.1	0

0 和 1 表示两个极端,0 表示未翻,1 表示译文与源文完全等值。0.9 表示译文与源文极其对应,但尚达不到完全等值的程度,有一些信息缺损。0.8 为译文能够代表源文 80% 的信息,译语读者可以清楚理解。0.7 为译语读者可以理解,但这种理解是基于语境的,否则会有歧义。0.6 表示译语读者知晓译文的大致意思,并不完全理解源语文字中蕴含的意思。0.5 表示译文相对于源文信息衰减过半,只能部分理解。0.4 表示译文与源文有较大偏离,译语读者会产生一些歧义。0.3 表示译语读者只能有个模糊印象。0.2 表示译语与源语差异很大,译语读者获知的信息非常少,阻碍理解。0.1 表示译语的信度极低,接近于一点不懂。

接下来,确定译文信的隶属度的评价依据。本文拟按照如下 4 点来判断译文信的隶属度:

(1) 句法结构:译文有无与源文保持结构对应。如余大牙 Big Tooth Yu,这个人名与源文字数一致,而且也是短语形式。不过源文的第一个字移到了译文的最后一个词。这样它的隶属度为 0.9。

（2）语义保真：译文有无保留源文的语义含义。如余大牙 Big Tooth Yu，这是个汉语人名，译文也译成了人名，大牙译成了 Big Tooth，译文也保留了源文的语义。这样它的隶属度为 1。

（3）文化传递：译文有无传递源文中的文化信息。如 Big Tooth Yu，汉语是姓在前，名在后，译文是名在前，姓在后。这样就是完全译语化。则隶属度为 0。

（4）形象变通：译文读者看到译文也可产生与源语读者相同或非常接近的想象、意象或是联想。如余大牙 Big Tooth Yu，译文与源文都形象地形容了一个人外貌特征。这样隶属度为 1。

注：此四条标准笔者借鉴了范守义的经验同时也结合本次研究的需要制定（范守义，1987：3 - 4）。

3.4 数据收集

在莫言小说《红高粱家族》中无论是从人物的称谓、服饰、语言还是小说中的事件、家居物品都能感受到中华民俗文化的特色。本文从小说中选择出八类民俗：物质生活民俗、社会组织、岁时节日民俗、人生仪式、民间医学、民间语言、民间艺术，作为分析的对象。

首先，依据以上八个类别，从整部中文小说《红高粱家族》统计出各个民俗事项。再依据各个民俗事项的中文逐个到其英译本中检索出对应英译文。同时也分别标出中、英文的所在页码。详见附表 1。

其次，依据附表 1 统计（人工多次数算）得出意译、直译和直译＋意译的民俗事项（见表 2）：

表 2

项目 \ 名称	意译	直译	直译＋意译	合计
频次	40	21	9	70

最后，根据本文 3.3 研究方法部分的表 1 和 4 条计算并评判译文隶属度。

4 结果与讨论

4.1 结果

从表 2 的统计数字看，意译频次最多 40，比直译 21 多 19，而与直译＋意译的 9 次要多 4 倍多。三种翻译方法之间相差较大。可以看出，译者（葛浩文）偏向于用意译的方法来翻译作品中的民俗事项。

附表 2、3、4 只是分别显示了意译、直译以及直译＋意译三种译法的隶属度。三种译法之间隶属度的差异，详见附表 5。

4.2 讨论

综上，葛浩文采用了意译、直译、意译＋直译三种译法来处理源文中的民俗文化事项，且倾向于意译，共有 40 项，占总共 70 个民俗事项的 57%。那么，他又是在何种情形下意译、何种情形下直译和直译＋意译的呢？又为何意译居多呢？

首先，看意译。意译着重于将源文的意思传递出去。如夹袄 padded coat：在中国，夹袄属于棉衣，又叫棉袄。既然是棉衣，那么，在里、外层布料之间是要加上棉花的。目的是为更好地御寒。而译文只是一种带衬里的外套。这在中国，充其量是件加厚的褂子，与在中国北方深秋、冬天和初春才穿的棉袄是两回事。从中、英文的语义上说，这只是译出了服装的含义，而且是上装。从文化传递上说，这个英译文并不能区分出中、西方不同的服饰习俗。至于形象变通也较少。因为，在中国，棉袄的布料、花色、做工等会因个人的家境而有差别，此外，男式一般是对襟，女式的一般是斜襟。最后一点，不论男式还是女式，扣子和扣袢均是布做的。故而其除了句法结构和源文保持了完全对应外，在语义保真、文化传递和形象变通三个方面的隶属度分值较低。尽管有上述不足之处，但这样的意译能使译语读者很容易的明白。设若是直译，显然不行。因为这件物品在西方是没有对应物和相应的名称的。若是音译，将会使译语读者不知所云。再就是音译＋意译，则会使译文啰嗦，影响译语读者的阅读。

葛浩文认为译本应当"可读、易懂和有市场"，这显然是以读者为中心理念的最好佐证（孟祥春，2014：74）。正是为了"可读、易懂"，葛浩文才较多的采用意译。明于此，对于蟹酱译成 crab paste、烧酒译成 wine 等等译文就可以理解了。

其次,那么他又为何还要有直译和直译＋意译呢? 先看直译。直译是指直接按字面译出。如红高粱 red sorghum。很显然,之所以有直译,乃是这种粮食作物可在译语中找到,且有对应名称。再如桃木剑 peach wood sword,这是旧时巫师作法用的道具。在西方虽也有巫师,但他们是不用桃木剑做道具的,故而在西方文化中也就没有这样的物件。但直译依旧可以使译语读者明白此为何物以及其制作材质。尽管汉语中的剑与西方文化中的 sword 外形并非完全吻合,但从句法结构、语义保真、文化传递和形象变通来看,其隶属度均较高。而对于像三寸金莲 three-inch golden lotuses 这样在西方未曾有过,不论是意译或是直译＋意译或加注的形式,或许在"易懂"方面有突破,但却会使译文的"可读性"受到影响。

最后,直译＋意译实际上是各取这两种译法之优点。如灯笼裤子 wide-legged trousers,这种裤子是两段收紧,中间松肥,形似中国的灯笼,故而得名。穿的人多为练武之人,也有唱戏的。如若直译或是音译,译文读者显然会感到困惑,要是换成意译,实非一两句话所能说清的。译者一分为二,裤子直译,对于灯笼也非实物灯笼,乃是形象比喻,译文也顺应译成 wide-legged。这样译法,译文既简洁,流畅,译语读者也好懂。再如抔饼 fistcake,源文有文字记载抔饼的吃法:双手握紧,送入口中。对于双手握紧,葛浩文取其外形,译成 fist,又由于是食物,cake 意思比较接近。尽管 fist 一词并不完全是吃饼时双手的形状,抔饼也与 cake 的形状与口感有许多不同,但这样,句法结构和语义都非常"信",译文"易读、可懂"。

综上所述,葛浩文为了使其译文能够"有市场",努力使译文"可读、易懂",在译法上尽力采用意译,对于译语中有对应或相近似词汇,则直译,若既有可在译语中找到对应词或相近词又有找不到的部分,则直译＋意译。对于意译会使译文冗繁的民俗事项,则直接按字面直译。这是为了在乎译文的"信"(闫怡恂,2014:202),在他看来,这是不可译的(同上:195)

为了能更直观地综合反映这三种译法的

"信",本文拟用图的形式来展示(见图1)。图1 是依据附表5得出。而附表5则是根据附表 2、3、4 各民俗事项的平均隶属度做出的。

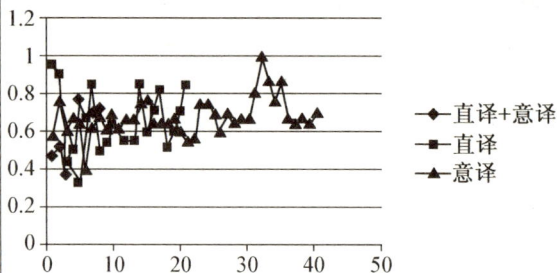

图1

由图1不难看出,意译平均隶属度的数值波动较小,除去1个0.4和1个1两个极端值外,多居于0.6—0.8之间。结合附表2的数据,可以看出意译大体上可以在句法结构、语义保真、文化传递上保持较高的"信",译语读者虽然没有在源语文化的经历,对于文中的民俗事项还是可以有一定的文化或实物意象。同时也可保证译文的"可读、易懂"。故而这种译法是第一位的选项。有40项,占比57%。

直译隶属度的数值波动较大,处于0.8以上的有6个,0.6—0.8之间的有6个,除去一个极端值(低于0.4),剩余的处于0.4—0.6之间。结合附表3的数据可以看出,对于可以在译语中找到相同或类似的民俗事项,隶属度较高,因为在句法结构、语义保证、形象变通3个标准上取得很高的隶属度,此外,也可传递一定的文化信息。对于这一类的民俗事项,直译是第一位的选项。图1中隶属度位于0.6以上的有12项,占比18%。

至于译语中没有的民俗事项,之所以直译,是旨在保证句法结构的隶属度,这一类的民俗事项之所以采用直译,是因为它们很难用一到两个词就可达到一定程度的语义和文化传递。故而文化传递、语义保真和形象变通的隶属度很低,有的极低。这种译法是最末一级级的选项。图1中共有8项,占比11%。

直译＋意译的意译不同于加注或注释,这里的意译只是一到两个词的解释。如 wide-legged trousers, Iron Society, fistcake 等,这样做是为了保持句法结构和语义方面的尽可能的"信",而文化信息和形象变通也可一定程度的照顾到。图1中共有9项,占比13%。

葛浩文采取这样的分层译法无疑是成功的。正是他的翻译使中国当代40多部作品在海外出版,他还曾于1999年获美国翻译协会年度奖(张耀平,2005:75-77)。有"中国现当代文学首席翻译家"的称号。还是因为他的出色翻译,使得中国作家莫言获得了2012年度诺贝尔文学奖。研究葛氏译法,汲取其成功经验,对于改进现有的文学作品的翻译方法无疑具有积极意义。

5 结 语

本文考察了《红高粱家族》中民俗文化的翻译方法。通过对整部小说中所有民俗事项的英译统计,发现葛浩文采取以意译为主,辅以直译和直译+意译的译法来传递小说中的民俗文化信息。这样的策略,既可保持译文的"可读、易懂",以免冗繁啰嗦,亦可使最大限度地介绍作品中的源语文化。

葛浩文以读者为中心的翻译理念也是今后中翻外中应当汲取的有益经验。事实上,"翻译"二字不仅是两种语言的文字转换,"交际"也应是题中应有之意。

当然笔者并非认为这种译法是永远的不二法则。中国文学,尤其是当代文学在西方国家的译介所处的还是一个初级阶段,在介绍我们的作品时,考虑到源语与译语的差异后,以读者为依归,进行适时适地的调整,最大限度地吸引西方读者的兴趣……随着中国作品的不断外译,之后一定会有适应需要的忠实译本的出现……国外的读者一定不会局限于如今的翻译处理方法,会对翻译提出新的要求,要求原汁原味地翻译,形神兼备,最大限度地再现原作的韵味、精神与风姿(许方、许钧,2013:9)。

葛浩文翻译了莫言的多部作品,通过大量真实并且在境内外已取得广泛影响的中、英文语料的深入研究,将会对当前中国优秀文学作品和中华文化"走出去"有更多有益启示。

参考文献

[1] 党争胜.民俗文化词的翻译问题探微——从《红楼梦》英文版中"压岁钱"等词的翻译谈起.外语教学,2015(1).

[2] 范守义.模糊数学与翻译质量评价.中国翻译,1987(4).

[3] 高蕾.白鹿原民俗文化研究.兰台世界,2008(2).

[4] 桂诗春,宁春岩.语言学研究方法.外语教学与研究,1997(3).

[5] 胡安江.中国文学"走出去"之译者模式及翻译策略研究——以美国汉学家葛浩文为例.中国翻译,2010(6).

[6] 华燕.从莫言获奖谈中国当代文学"走出去"的现状.探索与争鸣,2013(3).

[7] 姜智慧.从异化视角看民俗文化的传播——浙江省民俗文化翻译研究.中国科技翻译,2010(2).

[8] 李鸿吉.模糊数学基础及实用算法.北京:科学出版社,2005.

[9] 吕俊.价值哲学与翻译批评学.外国语,2006(1).

[10] 马慈祥.民俗文化词语的可译性限度及其翻译策略.青海民族研究,2009(3).

[11] 孟祥春.葛浩文论译者——基于葛浩文讲座与访谈的批评性阐释.中国翻译,2014(3).

[12] 穆雷.用模糊数学评价译文的进一步探讨.外国语,1991(2).

[13] 戚雨村.语言·文化·对比.外语研究,1992(2).

[14] 吴斐.异化翻译观下的贵州民族民俗文化译介与传播.贵州民族研究,2014(10).

[15] 许方,许钧.翻译与创作——许钧教授谈莫言获奖及其作品的翻译.小说译介与传播研究,2013(2).

[16] 闫怡恂.文学翻译:过程与标准——葛浩文访谈录.当代作家评论,2014(1).

[17] 杨琳,刘怀平.广西边疆地区民俗文化翻译研究——民族身份认同与翻译策略互补.广西社会科学,2013(12).

[18] 叶涛.地域民俗文化研究的新发展——读《江西民俗》.江西社会科学,2005(9).

[19] 张霄军.翻译质量量化评价研究综述.外语研究,2007(4).

[20] 张耀平.拿汉语读,用英文写——说说葛浩文的翻译.中国翻译,2005(3).

[21] 钟敬文.民俗学概论.北京:高等教育出版社,2010.

[作者信息] 尹富林,男,南京工业大学外国语言文学学院教师。

英译《菜根谭》对比与再译探究

浙江树人大学　柳亚杰

摘　要：本文抽取蒋坚松、周文标和 Paul White 三种版本的《菜根谭》的翻译，对翻译方法进行赏析，对比译文字数，并通过直译、合译、增译和反说正译等方法调整用词和句式进行改译，以求更为读者接受的、符合英语表达习惯的简洁凝练的译文。

关键词：意合；形合；合译；句式

1　引　言

明代洪应明的《菜根谭》书名中"菜根"指世味，"谭"同"谈"，是谈论世味人情，融合儒佛道的，讲述修身养性、为人处世的语录体书籍。若译者对儒、释、道等宗教思想和中华文化思想源流缺乏了解，就很难译好《菜根谭》（郭著章、黄粉保、毛新耕，2008：266）。美国翻译理论家 Peter Newmark《翻译的方法》（*Approaches to Translation*）一书指出，"context is the overriding factor in all translation，and has primacy over any rule，theory or primary meaning"（语境在一切翻译中都是最重要的因素，比任何规则、理论或主要词义都重要）。Steiner "The difficulties of translating Chinese into a Western language are notorious. No grammar or dictionary is of very much use to the translator；only context，in the fullest linguistic—cultural sense，certifies meaning."（把汉语译成西方语言之难是广为人知的。任何语法规则和词典对译者都无多大用处；只有最充分的语言文化意义上的语境，才能确定其含义）。

所以翻译，是基于语言理解的，用一种语言符号代替另一种语言符号的语言表达，是一种语际交流活动。在进行英译的过程中，一定要注意英语是形合的语言，要注意把汉语的松散的句式进行整理加工，使之有逻辑性、条理性，才符合译入语的特点。基于对原文的正确理解，一般采用归化或者异化的方式翻译成目标语。

目前对于《菜根谭》的翻译主要有三种版本，分别为蒋坚松、周文标和 Paul White 的译本。笔者挑选了一些来进行翻译的对比和翻译方法的对比。

2　对比和改译

2.1　合译

翻译的过程中，正确理解原文尤为重要。然后根据理解把原文进行句式调整，该合译的就合译。因为汉语是"意合"的文字，而英语是"形合"的语言，所以在翻译过程中应该注意到这种语言表达的差异。

例 1

饱后思味，则浓淡之境都消；色后思淫，则男女之见尽绝。故人当以事后之悔悟，破临事之痴迷，则性定而动无不正。（45 字）

蒋译：

Recall the taste of food when you are full，and you no longer have the pleasurable experience of eating it；recall the taste of women when you are sated，and you no longer are in mood for any love-making. Thus by being wise after the event，you can often avoid being stupid before an action，and then you will remain unaffected doing nothing improper.（64 字）

Paul 译：

If one muses on the flavour of food after

one has eaten one's fill, then the state of mind in which one enjoys different flavours vanishes. If one ponders the pleasures of the flesh after sating one's carnal appetites, then the scene of naked love-making disappears. Therefore, if a person can wake up to the error of his ways immediately after he has committed some misdeed and dispel foolishness and errors, he can make his nature as steady as a rock and all his actions will be the correct ones. (90 字)

赏析:汉语原句 45 个字。蒋译和 Paul 译都过长,分别为 64 字和 90 字,相对于原文都不够凝练。笔者尝试着用 41 个字把原文处理成并列句、因果关系句。把"饱后思味,则浓淡之境都消"合译成简单句,把"饱后思味"处理成简洁的无灵主语,没有像两位译者那样处理成条件句加主句。将"则性定而动无不正"处理成一个现在分词来做结果状语,而不是并列句。另外"色后思淫"中的"色"采用了归化方法,翻译成 love-making,英语国家的人比较容易明白。"则性定而动无不正"是基于理解进行翻译的。

柳译:

Recall the taste after the full meal makes the difference vanish; recall details after love-making diminishes the mood for another romance. So being wise after the event can prevent one from a second foolishness, harvesting a stable character and reasonable behaviors. (41 字)

例 2

居轩冕之中,不可无山林的气味;处林泉之下,须要怀廊庙的经纶。(26 字)

蒋译:

In high office and great power, one must not lack the temperament of the hermit; in retirement and seclusion, one should have

the craft of the statesman. (27 字)

Paul 译:

The great officials of the court must foster in themselves the plain thoughts of the hermit of the mountains and forests. At the same time, the recluse must not have far from his mind the lofty aim of serving the country and people, and must nurture the latent needed to do so.

赏析:蒋译把借代修辞手法的"轩冕"、"山林"、"林泉"、"廊庙"很好地进行了具体化处理,其中 statesman 的使用非常到位。但笔者不太满意他的"处林泉之下"的翻译,似乎仅仅局限于做完高官后退隐了要有治国韬略。笔者做了如下两个不同版本的翻译。

柳译 1:

Officals should not take office without thought of living a simple life in woods, while ordinaries ought to develop the ability to govern the country. (25 字)

该版本笔者泛指做官者和平民老百姓的不同做法。采用的是合译的方法,即将"居轩冕之中,不可无山林的气味"合译为一个句子。而且全文的两个并列句用 while 轻微转折后合在一个句子之中。

柳译 2:

Once being high officals, one should live a simple life; once being ordinaries, one should have the ability to govern the state. (22 字)

这个版本笔者侧重的是一个人在不同境遇下,应该有的胸怀和行为。该版本整体来讲是两个并列句,每个句子中又分别含有一个条件句。可见翻译中的句式不同,是否合译,表达效果会有所不同。

2.2 增译

为不中断读者的思路,分散他们的注意力,宁可增译,也不建议用注释的方式来翻译。

例 3

敧器以满覆,扑满以空全,故君子宁居无不居有,宁处缺不处完。(25字)

蒋译:

The lopsided vessel leans over when it is full; the piggy bank remains intact when it is empty. Thus the *junzi* gentlemen would be rather in a position of lacking than in one of having, would prefer to leave something to be desired rather than have everything perfect. (48字)

Paul 译:

The *qi* vessel[1] tips over when it is filled with water. The puman money stays whole so long as it is not filled with money. Therefore, the accomplished man prefers to settle in a place where there is neither strife nor starving, an dwell in an incomplete place, not a finished one. ([1] The *qi* vessel: a container used to hold water in ancient China. When empty, it was easy to tilt, and when full to the brim with water, it tipped over at once. Only when it was half full of water could it stand upright and stable. That is why it used to be placed on the right side of an emperor in ancient times, to warn him against complacency.)(123字)

赏析:蒋译整体采用直译。没有使用注释法,而是把“敧器”增译为 the lopsided vessel,值得借鉴。而 Paul 译用了注释的方法,过于冗长,容易分散读者的注意力。

柳译:

The lopsided vessel will tip over for its fullness, while the piggy bank will survive for its lack. So *Junzi*, those noble in virtue, choose something to desire rather than everythin in hand. (33字)

例 4

人情世态,疏忽万端,不宜认得太真。尧夫云:“昔日所云我,而今却是伊,不知今日我,又属后来谁?”人常作是观,便可解却胸中胃。(49字)

蒋译:

The ways of the human world are unpredictable, thus one should not take things too seriously. The Song Dynasty philosopher Shao Yong put it well: " what was before 'I' is now 'he'; who knows who today's 'I' will tomorrow be. " If we always see things in this light, we shall know no worries whatever. (56字)

Paul 译:

The ways of man and the world change in the twinkling of an eye; by no means must they be taken too seriouslyy. In the words of Yao[2]: "What was peviously called 'I' has now become 'he'. I wonder who today's 'I' will afterward become. " If a man would often reflect thus, he would be able to dispel cares from his breast. [2] Yaofu: The courtesy name of Shao Yong, a philosopher of the Northern Dynasty (960—1127). He was an expert in the study of the *Zhou Yi* but he never tried to take office at the court during his lifetime.](101字)

赏析:Paul 错译了北宋。蒋译增译“尧夫”为 the Song Dynasty philosopher。笔者把第一句处理成被动句,更符合英语表达习惯。沿用蒋译,将“尧夫”译成“Shao Yong”。不同之处在于增译部分“a Song Dynasty philosophy”,笔者将其处理成同位语。“人常作是观,便可解却胸中”两位译者翻译得都过长了,Paul 把“胸”翻译成 breast,属于用词不当,笔者认为翻译成 mind 更贴切些。笔者的“昔日所云我,而今却是伊,不知今日我,又属后来谁?"把问句用 wonder 化解成句号,会更通顺、上口和结构紧凑,更符合口语中随意、自然发问的语境。

柳译:

The way of human world changes instantly, so it should not be taken seriously. As Shao Yong, a Song Dynasty philosophy said, "What was said 'I' is now 'he', I wonder who will be today's 'I'". Seeing things in this way, we can dismiss whatever worries from mind. (48 字)

2.3 释意或意译

例 5

笙歌正浓处,便自拂衣长往,羡达人撒手悬崖;更漏已残时,犹然夜行不休,笑俗士沉身苦海。(37 字)

蒋译:

To adjust one's clothes and leave when the elegant performance is at its height: such resignation at critical moments in the philosophical man is really admirable; to keep trudging on when the night is waning: such toiling of the worldly man in the sea of bitterness is truly laughable. (49 字)

Paul 译:

A man who can adjust his clothing and depart without regret just when the revelry is at its height is an enlightened man who knows how to rein in his horse at the edge of the precipice. He arousts universal admiration. A man who is still caught up in scheming for frame and wealth even deep into the night is an unworthy fellow who is sinking in the sea of bitterness. He provokes only scornful laughter. (76 字)

赏析:蒋译中"笙歌"、"更漏"和"撒手悬崖"均采用了概略化或泛化的译法。笔者把原

文处理成两个并列句子,把每个句子后面的作为非限定性定语从句,其中"笙歌正浓处"和"更漏已残时"使用了英语中常见的 with 复合结构做状语,"羡达人撒手悬崖"和"笑俗士沉身苦海"采用了非限定性定语从句的方式。这样的处理,使得全文对仗工整、紧凑,加强了句子逻辑关系,仅用了 42 字就完成了 37 字的原文翻译,其中 flatly 和 endlessly 还押尾韵。

柳译:

With the party reaching its summit, one choose to leave flatly, which is admirable for his self-control at the critical moment; With the night waning, one is still trudging endlessly, which is laughable for its worldly toil in the sea of bitterness. (42 字)

例 6

好利者逸出于道义之外,其害显而浅;好名者窜入于道义之中,其害隐而深。(30 字)

蒋译:

Those after gain have no moral guise, and their harm is open and light; those after fame have a moral disguise, and their harm is hidden and grave. (28 字)

Paul 译:

A man who pursues profit does so to the neglect of righteousness. The evil he does is obvious to all, and so it is easy to keep him at arm's length. A man who is eager for a good reputation, on the other hand, cloaks his wrongful deeds in a shroud of virtue and good conduct. The evil he does is hidden. Being unaware of this, others are insufficiently wary of him, and thus the harm he causes is serious. (80 字)

赏析:蒋译简洁。对将信息的重点放在前句还是后句进行取舍,把次重要信息处理成独

立主格做结果状语就可以更简洁。笔者纠结于 venture beyond morality 和 excape from morality，后来还是从"逸"本身出发，选择了后者。

柳译：

Those profit pursuer escape from morality, their harm obivous and light; those fame seekers hide themselves in moral disguise, their harm hidden and deep. (25字)

例7

机息时便有月到风来，不必苦海人世；心远处自无车尘马迹，何须痼疾丘山。(30字)

蒋译：

When one's caculation ceases, there will be the enjoyment as of quiet moon and pleasant breeze; this world need not to be a sea of bitterness; when one's mind transcends, there will be no vexation as by dust-raising carriages and boisterous horses; why set one's mind on a life of seclusion? (51字)

Paul 译：

When worldly plotting and striving for advantage are banished from the heart, life enters a realm of beauty, and there is no need to regard it as a sea of bitterness from which there is no escape. All one has to do is remove one's heart far from the vulgar world, and the clamour of everyday things will no longer be heard—there is no need to be live as a hermit in the wilds. (75字)

赏析："机"比较难翻译，蒋译成 caculation，Paul 译为 worldly plotting and striving for advantage。笔者认为还是 Paul 译更到位，更具体，不足之处就是太长。"心远处"的处理也各不同，蒋译 when one's mind transcends 更贴切。"何须痼疾丘山"是反诘句，笔者处理成一个直陈句"不须，不用"。对"月到

风来"和"车尘马迹"用了直译。笔者尝试了两种不同句式的表达，所使用的字数有明显的不同。

柳译1：

When worldly worries stop, the bright moon and gentle breeze will come to save you from suffering in the sea of bitterness; When your mind is in peace, vexation from dust raising carriages and boisterous horses will get way and free you from retiring to the mountains and plains. (49字)

该版本用了条件句 when worldly worries，后面使用了对仗比较工整的 save you from suffering in the sea of bitterness 和 free you from retiring to the mountains and plains。"月到风来"和"车尘马迹"增译为"the bright moon and the gentle breeze"和"dust raising carriages and boisterous horses"。

柳译2

Wordly worries stopping, the bright moon with gentle breeze will come to save you from suffering in the sea of bitterness; Your mind in peace lack of annoyance of dust raising carriages and horses will home you in mountains and plains. (40字)

该版本把条件句修改成独立主格做伴随状语：wordly worries stopping 和 Your mind in peace。将"月到风来"的主体改为"月"；同样"车尘马迹"改为"dust raising carriages and horses"。句式上也改变为"lack of annoyance of dust raising carriages and horses will home you in mountains and plains"。

2.4 直译

当原文具有文学修辞色彩，直译更可取。即将原文的内容和形式都翻译出来，更能凸显韵味。

例8

争先的，径路窄，退后一步自宽平一步；浓

艳的,滋味短,清淡一分自悠长一分。(30字)

蒋译:

The path of scramble is narrow; stay behind a little, and by that much you will find it broader. The enjoyment of savoury food is brief; make it a little bland, and by that much you will find that enjoyment longer.(41字)

Paul 译:

When everybody is struggling to get ahead on a narrow road, the way seems even more congested. But if, at such a time, you step back a pace you will immediately find that the way has become a lot more spacious. When food is prepared so that it is extremely rich and pungent, its taste is so much the less pleasing. But if it is made a little blander, its flavour is so much the more enhanced.(77字)

赏析:蒋译是非常成功的直译。对于"争"和"退",笔者采用直译试译如下:

柳译:

Competing makes the trail narrower, while retreating one step makes it broader; heavy flavour tastes less lasting, while light one endures.（21字）

例9

林间松韵,石上泉声,静里听来识田地自然鸣佩;草际烟光,水心云影,闲中观去见乾坤最上文章。(38字)

蒋译:

The melodious soughing of the wind in the pines, and the gurgling of the spring over stones, when heard in one's quietness, will sound like the jingling of jade ornaments worn by Nature; the hazy mists in the horizon of the grassland, and the tranquil reflec-tion of clouds in the water, when seen in one's leisure, will seem like the exquisite pattern drawn by Creation.(65字)

Paul 译:

In utter repose, hearing the tune of wa-ving pine branches, or the tinkling of a brook over pebbles one senses that these are the murmuring of Nature. With an undisturbed mind, gazing at the delicate wisps of smoke flickering on the horizon of the boundless prairie or the reflections of clouds in a still lake, one can perceive the exquisitely beauti-ful pattern of Nature.(64字)

赏析:两译各有所长,用词绮丽达意。蒋译中"石上泉声"、"自然鸣佩"等基本都采用直译,"林间松韵"增译了"melodious"。笔者调整了几个用词使其更简洁达意。如将"乾坤"翻译为"Univese",将"最上文章"翻译为"fine art"。

柳译:

The rustling wind through the pines, and the gurgling spring over the sones, when heard in quiteness, immerse us in the sound of Nature; the mist above the grass, and the reflection of clouds in the water, when appreciated in leisure, show us the fine art made by the Universe.（50字）

2.5 直译兼增译
例10

文以拙进,道以拙成,一拙字有无限意味。如桃源犬吠,桑间鸡鸣,何等淳庞! 至于寒潭之月,古木之鸦,工巧中便有衰飒气象矣。(49字)

蒋译:

Writing improves for unadorned simplic-ity, and the Tao is attained through unaffect-ed simplicity: "simplicity" is a word that says a lot. Take for example the poetic image of dogs barking in the idyllic Land of Peach

Blossoms, or of roosters crowing in the mulberries of a rustic village: what honest simplicity that stands wear and tear! As for the picture of a solitary moon over a <u>chilly</u> pool, or of <u>a lone crow</u> on an <u>olden</u> tree: though fine and exquisite, it smacks of bleakness and desolation. （87 字）

Paul 译:

Austerity produces striking essays, while simplicity makes self-cultivation successful. Either "austerity" or "simplicity" means boundlessness. For instance, in the lines "The barking of dogs by the Peach Blossom Spring and the crowing of chickens in the mulberry grove" how much purity and simplicity there is! Whereas, from the lines "The moon's reflection in the <u>cold</u> pool and the crow in the <u>ancient</u> trees", we get a feeling of dreary decay. （70 字）

赏析:原文的古朴和意韵貌似没有完全翻译出,因为都过长,不够简洁。"一拙字有无限意味"蒋译翻译得很好。"寒潭之月"Paul 翻译得高。"古木之鸦"蒋译翻译得妙。笔者就"何等淳庞!"的翻译有两个不同的版本,试译如下:

柳译 1:

Writing improves for its simplicity just as the Tao's obtained in its simplicity in that the word "simplicity" says a lot. For instance, <u>dogs barking in the Land of Peach Blossoms, and cocks crowing in the mulberries create a image of simple, rustic and peaceful villages. Whereas,</u> the moon in the chilly deep pool, and the crow on the olden tree hint a lonelyness and decay together with delicacy. （69 字）

该版本的"如桃源犬吠,桑间鸡鸣,何等淳庞!"采用的是直陈,使用了 create 来连接,并

增译了"a peaceful and rustic villiage"。

柳译 2:

Wring improves for its simplicity <u>and</u> Tao is obtained in its simplicity. The word "simplicity" has a lot to say. For instance, <u>how peaceful and rustic the village is when heard dogs barking in the Land of Peach Blossoms, and cocks crowing in the mulberries! As for the moon in the chilly deep pool, and the crow on the olden tree hint a lonelyness and decay together with delicacy.</u> （69 字）

2.6 反说正译

把汉语中的反说正译,以期达到一种凝练的效果。

例 11

<u>可见</u>天地<u>不可</u>一日<u>无</u>和气,人心<u>不可</u>一日<u>无</u>喜神。（20 字）

周译:

<u>Thus it can be seen that</u> in Nature—not a single day could pass peacefully unless celestial and terrestrial forces go in harmony; and in the world of men—not a single day could be spent well if people are deprived of happy mood. （45 字）

Paul 译:

<u>So</u>, if the world cannot do without a period of sanctified peace during a day's time, then men can definitely not tolerate a single day with their hearts totally bereft of joy. （37 字）

赏析:原文中使用了否定句"不可……无",周译和 Paul 译分别是 unless, do without,都是很好的翻译方法。另外,"可见"的翻译也各不同。笔者大胆地使用了肯定句,而且把前后两句融合为一句,如下:

柳译:

It goes without saying that a peaceful mind makes people happy and the world harmonious. （15字）

2.7 归化

例12

绳锯木断，水滴石穿，学道者须要努索；水到渠成，瓜熟蒂落，得道者一任天机。（39字）

蒋译：

Little strokes fell great oaks, and constant dripping wears the stone: those who seek the Tao should exert themselves. When water comes, a channel is there, and when a melon is ripe, it falls off its stem: those who attain the Tao follow the natural course of things. （46字）

Paul 译：

Using a saw pulled by a rope, in time any block of wood no matter how thick can be sawn through just as drops of water will wear away a stone. In the same way, he who cultivates the Way must constantly exert himself in his explorations. Water flows naturally into channels, and the gourd, when it ripens, sheds its stalk naturally. Thus, the person who wishes to master the Way only has to persevere in self-cultivation, and he will eventually become accomplished. （83字）

赏析："绳锯木断"归化为"Little strokes fell great oaks"后易于理解和接受。句式上可以更紧凑，更符合英语"形合"的习惯表达。笔者用一个 as 把"绳锯木断，水滴石穿"两句连接起来，来加强紧凑性。同样道理，用 like 把"水到渠成，瓜熟蒂落"联系起来，大大减少了译文的用字量。

柳译：

As little stroke fell great oaks, constant dripping wears the stone; The Tao seeker should make constant efforts. Like channel is formed when water comes, melons fall off when they'r ripe; The Taoists should follow the natural course. （38字）

3 总 结

翻译是站在巨人肩膀上的工作，集众家之所长，方能翻译成优美而凝练的文章。所以作为翻译者要多读，多理解，多对比，多亲自操刀来翻译，才能作出更大的贡献。要翻译好如《菜根谭》之类汉语文言文，一定要把对儒家的忠恕之道、佛家的无物无我、道家的清静无为和自身的人生体味融合起来，才能做到忠实，继而优美。此外，也要熟悉英语的表达习惯，如无灵主语的使用。要把汉语的"意合"翻译成英语的"形合"，即适当调整句式结构，才比较为译语读者所接受。

笔者愚钝，有翻译或者赏析不到位的地方，请同行和专家们多批评指正。

参考文献

[1] Newmark, P. *Approaches to Translation*. New York: Prentice Hall, 1988.

[2] Stener, G. *After Babel: Aspects of language and Translation*. 上海：上海外语教育出版社，2001.

[3] 郭著章，黄粉保，毛新耕.文言文英译教程.上海：上海外语教育出版社，2008.

[4] [明]洪应明.菜根谭（Tending the Roots of Wisdom）.寒钟注.[英]保罗·怀特英译.北京：新世界出版社，2001.

[5] [明]洪应明.菜根谭（Cai Gen Tan, *My Grude Philosophy of Life*）.蒋坚松英译.胡如虹今译.长沙：湖南人民出版社，2001.

[作者信息] 柳亚杰，男，浙江树人大学教师。

马建忠"善译"思想之再思①

黄河科技学院　贾和平

摘　要：《马氏文通》作为中国现代语法学的开山之作,奠定了马建忠在语言学界的重要地位;然而马建忠在努力矫正洋务翻译的弊端,寻求真正富强之路过程中所提出的"善译"理论却没有得到应有的重视。"善译"理论标志着中国传统译论的基本理念发生了嬗变,对新时期的传统翻译理论构建仍有指导性意义。

关键词：马建忠;"善译"理论;传统译论

马建忠(1845—1900),字眉叔,江苏丹徒(今镇江)人。他在学界的声誉主要是因为他于1898年出版了一部套用西方语法理论研究古代汉语语法著作《马氏文通》,该书对中国语言学史做出了开创性贡献,被奉为中国第一部系统汉语语法著作。由于其在语言学上的卓越贡献,其翻译理论往往被忽略,以至于不少人提及晚晴翻译理论时必称严复的"信、达、雅"。事实上,马建忠才是近代第一个探讨翻译理论的人,这一点可以在罗新璋先生的撰文中找到,"严复的《天演论·译例言》写于1898年(光绪二十四年戊戌月二十二日),而早在1894年,马建忠在《拟设翻译书院议》中,已提出'善译'的问题"(罗新璋,1984:591)。此外,马建忠的"善译"理论是以西方传统语言学为基础,"已经与现代翻译等值理论十分接近"(陈福康,2000:90),在这一点上,他的翻译思想要比严复的"信、达、雅"三大标准更严谨。基于文献资料,本文重新解读了马建忠的"善译"理论,以期对中国传统译论建设有所启示。

1　马建忠的西学思想和"善译"理论

马建忠出生在天主教家庭,自幼接受中国传统文化熏陶。然而成年后,面对清末的内忧外患,以及当时兴起的洋务运动,马建忠抛弃科举道路,专门研究西学以探究西方"致治之要"。他"于是决然舍其所学,而学所谓洋务者。始求上海所译书,观之未足餍意,乃学其今文字与其古文词,以进求其格物致知之功。与所以驯至于致治之要,穷原竟委,恍然有得于心"(马建忠,1968:3)。可以说,马建忠关注西学始于民族忧患自觉。一开始,他搜寻各种西方新学的译著,认真研读,后来继续学习法文、拉丁文、英文、希腊文等外语,经过十余年的刻苦努力,最终成为一位学贯中西的人才。马建忠留学国外,受西方民主思想的影响较大,他对当时洋务运动所上之书,都颇有见地。梁启超盛赞马氏说"每发一论,动为数十年以前谈洋务者所不能言;每建一义,皆为数十年以后治中国者所不能易。嗟夫! 使向者而用其言,窬有今日;使今者而用其言,窬有将来"(同上:5-6)。马建忠积极向西方寻求真理并为实现中国的繁荣富强而积极探寻社会改革。在他看来,学习西方科技是富民强国的首要条件,本着开发民智、教育救国的理想,他把传统语文学的虚词研究和西方的语法学结合起来,开创性地研究汉语语法,他指出,"夫华文之点画结构,视西学之切音虽难,而华文之字法句法,视西文之部分类别,且可以先后倒置以达其意度波澜者则易……西文有一定之规矩,学者可以循序渐进而知其所止境;华文经籍虽亦有

---

①　基金项目:河南省科技厅软科学项目(132400411199)。

规矩隐喻其中，特无有为之比拟而揭示之"（吕叔湘、王海棻，2005：2）。他的这些论述开创了中西语言对比研究之先河，与他的文化翻译战略思想交相辉映，对中国现代语言学和翻译学学科建设有着不可估量的启示意义。

中国传统译论是以"案本——求信——神似——化境"为主线的传统译论，其语言观人文主义元素要高于科学主义元素，其理论关注主要局限于语言和文本之间的转换。然而，马建忠的"善译"理论却为传统译论注入了一股新鲜血液，他在《拟设翻译书院议》中从比较语言学的观点概述了"善译"理论，原文如下：

夫译之为事难矣，译之将奈何？其平日冥心钩考，必先将所译者与所以译者两国之文字，深嗜笃好，字栉句比，以考彼此文字孳生之源，同异之故，所有相当之实义，委曲推究，务审其音声之高下，析其字句之繁简，尽其文体之变态，及其义理精深奥折之所以然。夫如是，则一书到手，经营反覆，确知其意旨之所在，而又摹写其神情，仿佛其语气，然后心悟神解，振笔而书，译成之文，适如其所译而止，而曾无毫发出入于其间。夫而后，能使阅者所得之益，与观原文无异，是则为善译也已。（马建忠，1968：214）

从上述文字不难看出，马建忠的"善译"理论已标志着中国传统译论的嬗变，他将西方语言学理论用于传统译论研究，然而他的这一翻译理论由于受传统译论中主流范式的束缚并未受到足够的重视。虽然已有少数人进行了研究，但大都是泛泛而论，有人认为"善译"是"抽象的标准"、"不可实现的理想"，认为"与其取法不可实现的理想，毋宁提出切实具体的要求作为翻译的基本原则"（冯国华、吴群，2001：16-18）。也有人认为马氏的翻译观点和等效翻译理论有异曲同工之妙，"从某种意义上说马建忠是我国乃至世界翻译界最早提出等效翻译理论的人"（梅美莲，2001）。应该说上述论断都有可取之处，但对"善译"理论的本质探讨还不够深入。

2 马建忠"善译"思想再解读

陈福康在界定马建忠的翻译理论时指出："他提出的'善译'的标准，是力求与原文在意思上毫无出入，而且使读者读了译文后能达到与读原文相同的感受。"（陈福康，2000：90）这一点已与西方的等值翻译理论有所相似。他这一新颖思想冲破了中国传统译论的藩篱，以科学理性的西方语言学视角介入翻译研究，从而引起了中国传统译论基本理念的嬗变。

2.1 翻译研究之语言视角

马建忠将"善译"解释为"必先将所译者与所以译者两国文字，伸嗜笃好，字栉句比，以考彼此文字孳生之源，同异之故"（马建忠，1968）。由此可以看出，"善译"就是采用了对比语言学的方法，对源语与译语在诸个语言层面上的对比分析。所谓的"审其音声之高下"主要是对音节、字句中的重音、音高、语调等的研究；语音作为语言表意的手段之一，其研究在富有节奏和韵律的诗歌中显得尤为重要。"字栉句比"、"析字句之繁简"，这其中蕴含着以句子作为翻译基本单位的翻译思想，虽然现在说来，理解句子不能脱离语篇，以句子为翻译单位存在诸多不足，但通过句子探索词序调整、语态转换以及主述位的安排等，这在一定程度上还是能够解决不少具体的翻译问题。"……所有相当之实义，委曲推究……"，"务审……其义理精深奥折之所由然"，这里的"实义"可以分别理解为词汇的字面意义，"义理"则是指内涵意义；词语意义的选择是翻译研究必然触及的问题，而且词语语义的正确选择对于翻译意义重大。"考彼此文字孳生之源，同异之故"，指的是要从考察源语与译语两种语言文字生成渊源的角度来探究两种语言文字之间异同，这种共时的语言对比探究，不仅在当时来说是独树一帜，即便在今天对翻译研究的指导意义也不可忽视。"尽其文体之变态"则是指"语言的系统变异"，也即是语言学中的文体学。文体学对于翻译研究有着特别意义，正如刘宓庆先生所说："翻译理论之所以能借助文体学研究,是因为这两个研究领域的目的性是并行不悖的,即如何凭借有效的语言手段进行社会交流。"(刘宓庆,1998)马建忠所论及的上述语言学分支对于翻译研究来说可谓是冲破了传统译学的窠臼,为当时中国传统译论注入了更多的科学理性成分,但不足之处在于他并没有进行深入研究,而且对语言的认识还处于静止状态,语言学中的语用学和篇章语言学这两大重要分支没有涉及。

2.2　翻译研究之读者视角

马建忠"善译"理论的另外一个重要意义就透射出一种强烈的读者反应意识:"夫而后,能使阅者所得之益,与观原文无异,是则为善译也已。"(马建忠,1968)这句话中的"阅者"便是"读者",而"阅者所得之益",则是指译文读者应该与原文读者获得近似的阅读效果,也即现在翻译学中常说的"读者反应"。由此可见,马建忠的"善译"理论已明确提出用读者反应意识来作为评判译文的标准,这与传统译论中的"案本—求信—神似—化境"相比,可谓是标新立异,跳出以文本转换为中心的局限性,极具开拓性和前瞻性,并在当前的翻译研究中得到了印证。然而"善译"理论长期以来并未得到足够的重视,当然也错失了创建中国翻译研究的读者中心论范式。

中国传统译论多以"文本"和"语言"的研究,早期的佛经翻译大都强调"不失本",也即对原作的"忠诚"或者说对"作者"的关照,而彦琮的"八备"说则是首次谈到了"译者"应具备的必要素质及翻译过程中的主体性地位,而马建忠的"善译"理论所折射出的读者反应意识,正好弥补了中国传统译论的重要的一维,使传统译论成为一个包涵文本、语言、作者、译者、读者反应的完整体系。读者反应的重要性不言而喻,如果译文不能很好地被译文读者所接受,这在很大程度上说明译文是失败的,因此在翻译过程中,译者必须对原文读者、译文读者以及两者反应之间关系给予充分的考虑,这也必定会直接或间接地影响到其具体翻译策略的选择。虽然马建忠"善译"理论中的读者意识界定还不够清晰,也没有明确地将源语读者与译语读者区分开来,但我们不能以此忽略马建忠在对中国传统译论的开拓性贡献。

3　结　语

马建忠的"善译"理论在一定程度上完善了中国传统译论的维度,然而他的这一理论只是出现在《拟设翻译书院》这样短短几百字的一篇奏折文稿中,其论述也不够深入透彻,更谈不上体系。然而,他提出的"善译",要求译者将语义学、语音学、文体学、词源学、句法学等理论知识用于翻译,这对当今翻译实践仍具有借鉴和指导意义;其"善译"中的"读者反应意识"虽然存在诸多不足,但却跳出了传统译论中以文本和语言为中心的窠臼,拓展传统译论的研究视角和维度。总之,"本土的翻译现象和翻译经验,是产生原创性译学原理的最深厚、最值得珍惜的文化资源"(张柏然、刘华文等,2008)。要更好地推动中国传统译论建设,必须充分了解传统译论的总特征和精神,并认真对传统译论的理论范畴进行梳理。

参考文献

[1] 罗新璋. 翻译研究论集(1949—1983). 北京:外语教学与研究出版社,1984.

[2] 陈福康. 中国译学理论史稿. 上海:上海外语教育出版社,2000.

[3] 马建忠. 适可斋纪言纪行. 台北:文海出版社,1968.

[4] 吕叔湘,王海棻. 《马氏文通》读本. 上海:上海世纪出版集团,2005.

[5] 冯国华,吴群. 论翻译的原则. 中国翻译,2001:16 - 18.

[6] 梅美莲. 马建忠与等效翻译. 丽水师范专科学校学报,2001:40 - 42.

[7] 刘宓庆. 文体与翻译. 北京:中国对外翻译出版公司,1998.

[8] 张柏然,刘华文等. 中国译学:传承与创新. 上海:上海外语教育出版社,2008.

[作者信息]　贾和平(1980—　　),男,黄河科技学院外国语学院讲师,研究方向:翻译理论与实践。

翻译热词"你懂的":是 you know 抑或其他?

浙江工业大学之江学院　张华斌　章　琦

摘　要:"你懂的"一词在记者会上的使用,表面上是语义泛化中的流行语执行话语标记语身份的过程,实际则是特定场景选择语言项目的结果。该词语在汉语环境下的模糊性以及政治翻译的特殊性,决定了翻译时需要坚持"场景优先"原则。译者是否遵循该原则,表明其与言者双方在背景知识上的共享程度,这就触发译者出现偏离其"中立"角色的行为,而这种"有偏向的中立"在各种译文中得到了最直接的体现。

关键词:"你懂的";泛化;"场景优先"原则;共知;有偏向的中立

1　引　言

2014 年 3 月 2 日,全国政协十二届二次会议发言人吕新华回答《南华早报》记者提问党内前高官传闻时,在表达了国家打击腐败的坚定决心后说道:"我只能回答成这样了,你懂的。"①

此言一出,全场大笑,在通常比较庄重的场合以一句网络味十足的"你懂的"回答记者提问,无疑颠覆了政治话语刻板沉闷的一贯形象,"你懂的"也因此迅速成为两会热词,各大媒体纷纷予以报道。*China Daily* 将"你懂的"译为 I think you understand what I mean,但根据现场视频,译员将这个网络词汇译作 You know what I mean;也有网友表示,译成 you got it 或 you know 更合适更贴切②。现将从报刊媒体和网络上搜集到的("你懂的")英译文简列如下:

(1) You know what I mean.(中央电视台、凤凰网、*Shanghai Daily*、新华社、中国经济网)

(2) I think you understand what I mean.(*China Daily*)

(3) You got it. /I know you got it.

(4) As you know.

(5) You know.

(6) You see.

(7) Enough said.

(8) You know why.

(9) ... if you know what I mean. ③

(10) I can't say any more. ④

get it 属口语体,《朗文当代高级英语辞典》(2004 版)解释为 understand sth. , esp. after it has been explained several times(p. 813),但从现场情况看,发言人仅就提问做出一次性回答,未有多次解释同时也无此必要,因而译文(3)并不准确。Enough said 的解释是 there is no need to say any more, I understand everything(p. 622)⑤,表示言者明白一切,这显然与"你懂的"发生的场景相反(应是听者懂),因而译文(7)也不准确。

为了探讨其他译文是否准确合理,我们首先需要了解"你懂的"一词的来源及其使用的情况。

---

① http://news. ifeng. com/society/2/detail_2014_03/02/34340210_0. shtml.

② http://edu. qq. com/a/20140305/012177. htm.

③ 文中所列"你懂的"的英译文(4)—(9)均摘自上海语通翻译有限公司网站讨论板块,网址是:http://cn. uniwords. com. cn/translation-news/currently-popular-you-know-how-to-be-translated-into-english. html.

④ http://www. x3cn. com/thread - 567056 - 1 - 1. html.

⑤ 《新牛津英语词典》(2001 年版)对 enough said 和 get it 的释义分别是:there is no need to say more, all is understood(p. 613);(informal)understand(an argument or the person making it)(p. 770).

2　"你懂的"：起源、意义及其会话特征

根据百度百科①，"你懂的"一词最早出现于网络是在2008年，当时的使用范围较窄，仅作为索取特定事件材料的一种替代说法，但其后迅速成为流行语。

乐晋霞(2014)认为，"你懂的"是言者所陈述话语的言外之意，是向听者传达其态度、立场或认识的方式，在语用上适用于三类语境：因熟悉而不需多讲，因禁忌而不愿多讲，因不合理而质问批判。王丹荣(2011)将"你懂的"视作粘附着话语标记语特征的流行语，着重研究它不同的话语功能与泛化的不同阶段对应互动的方式，借助知解域、标引语等概念，描写"你懂的"作为话语标记语所建构的话语结构，又通过其功能从加确语向指令语的转化，以及意义从"不能说"到"不必说"的分化，进而得出结论："你懂的"必然遵循流行语在扩散过程中的一般规律，即经历泛化的不同阶段而由盛到衰。

语用学家格莱斯(Grice)提出的会话合作原则(Cooperative Principle，CP)认为，在会话中存在某种言者与听者都必须遵守的规则，以保证即便是含蓄表达也不影响会话的正常进行。具体地说，合作原则就是要求每一个会话参与者在交谈过程中所说的话要符合当次交谈的目标或方向，以使得语言交际有意义(陈新仁等，2013：70)。就合作原则所含四条准则[数量准则(Quantity maxim)、质量准则(Quality maxim)、关联准则(Relation maxim)和方式准则(Manner maxim)]而论，发言人的回答先是违反了数量准则，因为"你懂的"所包含的信息数量明显少于听者(提问)所需的信息数量；再者，由于"你懂的"的简约表述未能给出确切答案，给听者带来一种晦涩(obscurity)的感觉，也就违背了方式准则。列文森(Huang，2007：50)将方式准则进一步简化为"不要无故使用有标记的表达式"(Do not use a marked expression without reason)，"你懂的"这样一个网络流行语出现在严肃的答记者会上，无疑是带有标记的陌生符号。

遇到类似情况，听者通常有两种选择：一是认为对方违反合作原则而自己也无责任继续遵循，从而导致交流终止；二是明白对方的行为是为传递特定信息，于是通过自己的背景知识推导出言者希望含蓄表达的意义(何兆熊，1999：158)。显然，会场上听者的反应(大笑)表明他们倾向于第二种选择，也就是说，听者就话语"你懂的"产生的会话含意(conversational implicature)与言者保持了某种程度上的一致，进而顺利地完成了会话。

3　"你懂的"：是 you know 吗？

我们就"你懂的"一词搜索北京大学现代汉语语料库，发现只有1例是独立使用的：

……，和对爱情这件事情的不信任和无能为力。我从来都不敢直面爱情，你懂的(着重号为作者添加)。②

也就是说，"你懂的"在现代汉语中起初未必就是作为流行语来使用。不过一个词语、一段话语、一种语法格式、一项话语标记，甚至是一个字形、一种语调都可以成为流行语，只要它是一种语言项目(辛仪烨，2010)；就此而论，对于"你懂的"一词的起源，我们更倾向自源一说。

同时，流行语的流行由两种原则支配：新奇原则和省力原则(王丹荣，2011)。人们为了得到语言运用中出其不意、大胆创新的效果，可以不惜心力，想方设法寻求流行语最新奇的用法。由于在这过程中需要耗费大量的心智，更多的人愿意在更为轻松的状态中体味流行，这就是省力原则。往往流行伊始，是新奇原则起着主要作用，随着流行范围的扩大，参与者越来越多，省力原则就会逐渐占上风(同上)。

---

①　http://baike.baidu.com/subview/3022755/9172154.htm.

②　http://ccl.pku.edu.cn：8080/ccl_corpus/search? q＝你懂的 ＆start＝0＆num＝50＆index＝FullIndex＆outputFormat＝ HTML＆encoding ＝ UTF-8＆maxLeftLength ＝ 30＆maxRightLength ＝ 30＆orderStyle＝score＆LastQuery＝＆dir＝xiandai＆scopestr＝(2014年10月6日).

纵观"你懂的"一词的发展，当初某个特定场合索取材料的替代说法已经逐渐转变为大多数场合都可以使用的网络隐语。"你懂的"之所以流行，并不是把 you know 译成汉语的结果，不能将两者完全等同起来，但也不能说用 you know 来译发言人所说"你懂的"就不可行。

列文森（Levinson，1983：87 - 88）认为，英语中很多标记某一话语与前面话语之间所存在的某种关系的词语和短语，如位于句首的 but，therefore，however，well，besides 等，这些词语或短语至少包含了非真值条件意义，常常表示所在的话语仅仅是前面话语的一种回应、延续。you know/you see 就属于这种情况，且在交际中没有什么实际意义，主要用来加强言者和听者之间的联系（戴炜栋等，1997）。例如：

（11）You know，I have to drive an hour to work every day. So would you like the snow if you were me?（略有改动）

（12）There is a job advertised at our Head Office，you know. I think you should apply for it.

冉永平（2002）认为，在特定语境条件下需具体分析它们的功能：句（11）中言者借助 you know 可以提醒对方应该知道的后续信息，在该条件下它的出现还隐含了说话人责备对方的含意；句（12）中 you know 是一种提醒功能，以增加话语的劝说力。

就词义而论，《新牛津英语词典》（2001 年版）将 you know 释义为：（a）（informal）used to imply that what is being referred to is known to or understood by the listener；（b）used as a gap-filler in conversation（p. 1018）。《朗文当代高级英语辞典》（2004 年版）上的释义为：（a）used to emphasize a statement；（b）used when you need to keep someone's attention，but cannot think of what to say next；（c）used when you are explaining or describing something and want

to give more information(p. 1079)

由此可见，如果 you know 作为程序性话语的一部分，主要实施强调、暗示、吸引等功能，则不具备实际意义。就这点来说，发言人所说"你懂的"属于网络热词，可看作话语标记语的流行语，它本身不具有实际的概念功能，在话语中实现的只是程序功能（王丹荣，2011）。换而言之，该词在记者会上的使用是一种完成提醒的言语行为，不具有真值，将其删除并不影响陈述的完整性，这与句（12）的情况吻合，即言者旨在确认并提醒听者"他本人所说话语的内容是真实的"。

所以我们认为，用 you know/you see 来译"你懂的"是可行的。另外，as you know 也是"你知道"，暗示在听者所知的范围内，不过通常用于所陈述话语之前，此处不再赘述。

4 "你懂的"：只是 you know 吗？

如果把"你懂的"看作粘附着话语标记语特征的流行语，这与同是话语标记语的 you know 具有一致的使用域，所以将"你懂的"译成 you know 是可行的。当然，这样处理的前提是"你懂的"不具有真值，其功能仅是提醒听者注意言者的话语。但如果"你懂的"具有真值，情况会有所不同，例如：

（13）你将与我共同承担罪恶和共同分享胜利！我们两个人，我们来统治这个世界！你懂的，对吧？你接受吗？

（14）你听不懂我说些什么话吗？真的，你懂的，如果你们西西里人果真对亲戚这样翻脸无情，至少也该把我的衣服还我，那么我决没有第二句话，就走了。

（15）"不，你懂的，"神行客回答，"但我们最好还是等到这一切先平静下来再说；到那时，如果你有空的话，我想要和你单独谈谈，好吗，巴金斯先生？"①

① http://ccl. pku. edu. cn：8080/ccl _ corpus/search？ q = 你懂的 & start = 0&num = 50&index = FullIndex&outputFormat ＝ HTML&encoding ＝ UTF-8&maxLeftLength ＝ 30&maxRightLength ＝ 30&orderStyle＝score&LastQuery＝&dir＝xiandai&scopestr＝（2014 年 10 月 6 日）.

前两例中的"你懂的"都对现实世界中的某一事实做出了断定——听者对言者刚才所说的话,如"我们来统治这个世界"是理解的(如《新牛津英语词典》对 you know 的第一种释义),所以都是有真值的,在语义表述时是该词所在命题中不可或缺的重要组成部分。句(15)中"你懂的"看似是独立使用,却是个省略形式,省去的恰好是动词"懂"这个行为或状态针对的对象。那个对象就是句中的"你"在(该句)之前极力否认的内容,所以才引出了神行客对此"不"的反驳,因而句(15)前半句的意思应该是:"不,之前那件事(或那个道理)你是明白的。"也就是说,一般情况下"你懂的"的使用是一种完成陈述的言语行为,具有真值。

由此判断,在动词 know 后添加宾语(that/why)或宾语从句(what I mean)以补充说明"懂"的具体含义或内容是可行的[包括媒体网站上所摘译文(1)、(2)、(8),不过原文话语内不存在假设条件关系,故不考虑译文(9)]。作为指示限定词的 that 通常比较自由地用于后照应(章振邦,2008:106),在译文中旨在实现它与 That's all I can say right now(我只能回答成这样了)之间的照应关系;同样都是 know/understand 的宾语,why 和 what I mean 所指向的照应对象也与 that 一致。如此,不管是否与言者拥有共知,(非汉语)听者都会到上下文或话语情境中寻找其中未能明示的预设,以实现语言交际的畅通。

5　"你懂的":为何化简为繁?

辛仪烨(2010)将流行语义形成和使用的条件归结为社会环境和审美需求的相互作用。首先,一定历史阶段中的社会环境赋予某个词语以特定的意义成分——可以宣泄一定的社会情绪,表达当时环境下大众的群体感受、心理需求、向往和追求等,该词语体现的只是附加在逻辑语义之上的一种感受性的文化涵义。其次,某个词语的新颖性迎合了人们的审美意趣,其引人注目、耐人咀嚼的形式特点,满足了大众求新求异、彰显个性的心理需求,尤其表现出一种娱乐、游戏的心态或情绪。从 2008

年初"你懂的"首现网络到该词大规模使用,就是网友们不满网络管制所体现出来的群众智慧。需要注意的是,发言人以"你懂的"答记者问,是借该词的流行语特性吸引听众注意,强调所说话语的真实性和完整性,即便听众感觉他的回答带有一种喜感,他本人及其回答却决无娱乐大众之意。

从起初只是求索特定材料的专用隐语,到之后成为网友们几乎所有"心照不宣"的最佳表达,"你懂的"一词的发展模式与汉语熟语极其相似。有些熟语早已完成了习语化过程,成了大众语的一部分,其中的文化信息所营造的文化氛围已经淡化(周领顺,2014:76)。通常的语言表达中,熟语总是因表达的需要而处在被选择之列,心理词库(mental lexicon)的词项一旦符合某场合表达的需要,就会被激活使用。而对流行语来说,基于它本身对使用者的强大吸引力,人们总是千方百计地寻找机会使用它,一旦发现适合它的场景,就会迫不及待地用上去;不但原本适用的场景要用,不适用的场景也会想方设法努力去用,因为使用它的目的就在于能够再次感受到其特有的文化涵义和形式意味(辛仪烨,2010)。这就是流行语由使用上的场景优先向语言优先转变的扩散或泛化(同上),而近年来许多网络(伪)熟语,如"累觉不爱"、"人艰不拆"等的出现和走红,实质也就是熟语在语义乃至形式上的扩散和泛化。

也即是说,"你懂的"一词在不同场合反复使用,是由于其语义或功能迎合了当时的社会流行心态借以表达出来的需要,获得高频使用继而成为流行语,在扩大该词适用语境范围的同时,那种感受性的文化涵义及其诱因(社会环境)也逐渐淡出大众视野,人们很少会对当初索求材料的大背景津津乐道,词语的实用性("怎么好怎么用")才是他们最关心的话题。以此观之,社会环境因素不断受到大众审美意趣的推动和制约才是"你懂的"流行起来的强力动因。

但是,"你懂的"出现在两会记者会上,决定其发展路径的已经不完全是大众审美,场景表达的特定需求才是最主要、最直接的因素。

新闻发布会通常场合庄重,发言人所说的话代表党和政府的态度,其言辞具有一定的导向性且不容疏忽,这就要求他们使用合适、严谨的措辞表达观点或回答问题。由于某高官是否被调查的传闻是尚未公布的消息,属于党和国家的高度机密,在发言人看来是"不便说"甚至是"不能说"的"秘密"。而使用"你懂的"既吸引了大众眼球(全场大笑),也"言有所指"地完成会话(所说属实且听者在某种程度上与言者达成共识),又保持了立场(未曾泄漏机密),可谓一举三得。

译文(10)直白地将"你懂的"内隐的会话含意译出,估计听众又会"大笑",但就宣传效果而言,无疑把政治话语较为敏感的一面悉数外露,显然没能忠实言者的本意,也就与原文相去甚远。同时,译文(5)、(6)、(8)的可行性也仅限于语言层面上的翻译文字转换,此三个版本在当时的场景下考量也是不准确的,因其未能顾及政治话语的特点。通常来说,如果原文为实现特定目的(如恭维游客以吸引他们前来)而含有夸张或虚饰的文字,那么这种效果所对应采取的翻译策略也应在译文中有所体现(House,1981:118;转引自Gutt,2004:50),然而也应对不同文本和翻译场景加以区分。世界上所有国家都在政治上毫不含糊,因为政治涉及国家的根本利益,所以政治翻译要"讲政治",这就需仔细衡量用词的政治含义与影响,以避免因跨语言诠释不当而犯政治性错误(程镇球,2003)。既是如此,现场译员和 China Daily 的译文就做到了这一点,虽说流失了汉语语境中会话双方对言外之意彼此心照不宣,甚至略带调侃的绝妙意味,但因遵循"翻译政治话语必须突出'政治性'"(张顺生,2006)的大前提,在保证双方交际顺利进行的同时,译者实现了其角色"有偏向的中立"这样一种特殊的状态。

6 "你懂的":"你"真的"懂"吗?

在实际会话活动中,即便言者有意违背合

作原则,也是为了传递特殊信息,大多数听者都会预设对方话语赋予的特定含义,判断言者遵循合作原则的隐性事实,即通过常识或双方共有的知识推测出话语背后的非规约性含蓄内容——言外之意(何兆熊,1999:158)。由是观之,会话双方共有的背景知识(共知)在会话过程中起到至关重要的作用。

"你懂的"的使用过程中,对"懂"的内容或对象是什么事实的判断,其实是作为隐含着的预设而存在,是言者心目中他与听者的共知,完全没有必要在这一次话语中说出来,至于不明示其中的表达往往是由于"不便说"或"不必说"。

在一定的社会环境下所述内容不便于直接说出来,或所传递信息对一定的社会环境或者文化心理来说如果是比较敏感的,因而避免直接说出,而以彼此意会的方式来传递;在这种情况下,言者就会更多地求助于听者已有的知识和推理的能力,期待以一种隐蔽的话语方式让听者间接地领会这些信息。如果听者对信息的理解和认同程度高于同一信息的被动接受,言者也会转而采取一种默契的方式,因为听者自己去获取话语信息有助于取得更好的效果(王丹荣,2011)。

媒体网络上出现多种"你懂的"一词的译法,既表明人们(译者)在源语理解和译语产出过程中存在较大差异,又折射出言者与听者①、言者与译者就会话中的共知呈现不均衡状态,其根源则在于会话各方对言外之意产生了不同理解。

我们认为,现场发言人的言外之意包含以下内容:(a) 所说皆为事实;(b) 关于传闻的细节和真实性(本人)不便多说;(c) 听者明白(a)和(b)。当然也可能是他本人并不知道具体细节,继而以诙谐的"你懂的"一词结束会话,这恰好印证"不便说/不能说"(不知情更不能多说)。而听者推导的言外之意则是:(a) 所听皆为事实;(b) 关于传闻的细节和真实性不必多言;(c) 言者明白所言已为听者理

---

① 文中讨论的"听者"包括现场的听众(记者)和网友。

解。吕新华借用"你懂的"一词形式"娱乐"的外壳去解释"严肃"话题,本意绝非调侃,却也给听者造成一种神秘感,毕竟模糊的回答没有直接证实传闻的真实性;而在听者看来,"你懂的"一词激发了他们追求个性的游戏心态,于是笃定这三个字内含欲说还休、略带神秘感的绝妙意蕴。

神秘感或许有(7月29日消息得到证实),却还不至于"欲说还休",因为发言人答记者问有严格的制度规定,在没有得到授权的情况下,相关内容不得随意向外透露。就这点看,言者说出"你懂的"是在记者会环境下激活搜索相应词汇的最终结果,目的在于肯定或强调该词所指向的内容(语义域或知解域),其行为本质是场景优先(决定选词),而该词在语义上的模糊性传递了某种神秘感,也给听者留下了想象的空间。一部分听者与言者所处立场并不一致,他们一味追求体验"你懂的"在形式和语义上的魅力,实际认同了该词作为流行语在使用域及其意义维度上不断扩大(即泛化)的过程,那么他们以同是话语标记语的 you know 作为对等词来译也就不足为奇,毕竟这在话语交际中是最省力的;相比之下,另一部分听者(网友)除了立场以及在心理上认同泛化外,还在时间上与言者出现了错位(滞后),那么口语性较强的 you got it 不仅不能忠实反映言者的本意,也不符合会场当时的情景。据此可以看出,听者大多追求语言(项目)使用的效果,因而更倾向于将"你懂的"看作语气词之类的填充成分,那么他们的译文追求形式上的对等也就不难理解了。

7 结 语

简而言之,"你懂的"成为两会热词,的确是受到其所附带的流行语特征的影响,表面上看是该词语充当话语标记语的身份在寻找可表达的场景,实质却是一个有待表达的场景在寻找语言。由于目的性非常明确,在相对庄重的记者会(场景优先),发言人选用带有幽默诙谐意味的"你懂的"一词回答较为敏感的问题,既吸引了听者又顺利完成了会话,且在传递语义模糊性的同时保持了自身的立场。由于与发言人在背景知识(话语目的、场合需求、外宣效果等)上的共享程度较高,现场译员所译内容,是对源语信息及其会话含意的一种诠释,实则提高了译文的可读性。

参考文献

[1] Gutt, Ernst-August. *Translation and Relevance: Cognition and Context*. 上海:上海外语教育出版社,2004.

[2] Huang, Y. *Pragmatics*. Cambridge: Cambridge University Press, 2007.

[3] Levinson, S. C. *Pragmatics*. Cambridge: Cambridge University Press, 1983.

[4] 陈新仁等.语用学与外语教学.北京:外语教学与研究出版社,2013.

[5] 程镇球.政治文章的翻译要讲政治.中国翻译,2003(3).

[6] 戴炜栋等.英语常用衔接词例释词典.上海:上海外语教育出版社,1997.

[7] 何兆熊.新编语用学概要.上海:上海外语教育出版社,1999.

[8] 冉永平.话语标记语 you know 的语用增量辨析.解放军外国语学院学报,2002(4).

[9] 王丹荣."你懂的":作为话语标记语的流行语.当代修辞学,2011(6).

[10] 辛仪烨.流行语的扩散:从泛化到框填.当代修辞学,2010(2).

[11] 乐晋霞.新兴话语标记"你懂的"的语用认知研究.洛阳师范学院学报,2014(1).

[12] 张顺生.政治词语翻译应当讲政治——对《反国家分裂法》英译的反思.上海翻译,2006(1).

[13] 章振邦.新编英语语法教程.上海:上海外语教育出版社,2008.

[14] 周领顺.翻译识途:学·赏·用.北京:国防工业出版社,2014.

[作者信息] 张华斌,男,浙江工业大学之江学院讲师;章琦,男,浙江工业大学之江学院助教。

《红楼梦》翻译研究：回顾与展望

华中科技大学　黄　勤　朱　红

摘　要：近三十余年来，新时期红学以其广泛的研究话题及多样的研究视角取得了举世瞩目的成绩。《红楼梦》翻译研究作为红学的一个热点亦方兴未艾。本文搜集了 1979 年至 2014 年共 36 年间在国内 22 种常用学术期刊上发表的 328 篇论文为语料，从论文数量、研究方法、研究语种、研究焦点和理论视角五个方面回顾了《红楼梦》翻译研究的发展过程，总结了目前《红楼梦》翻译研究所取得的成绩及存在的不足，以期对《红楼梦》翻译研究的深入开展有所启示。

关键词：《红楼梦》；翻译研究；研究方法；研究语种；研究焦点；理论视角

1　引　言

《红楼梦》作为中国古典四大名著小说之首，在世界文学史上亦享有盛誉。《红楼梦》荷兰文译者沃斯德曼（Ad. Vorstman）在序言中写道，"正如意大利有但丁的《神曲》、英国有莎士比亚的戏剧、西班牙有塞万提斯的《堂吉诃德》……中国有自己的《红楼梦》"（沃斯德曼撰、章因之译，2004：294）。著名斯洛伐克当代汉学家黑山女士（Marina Čarnogurská-Ferancová）认为"中国甚至应该为曹雪芹申请死后的诺贝尔文学奖，因为这世界上再也没有一部文学作品比《红楼梦》更天才的了"（黑山，1997：305）。李绍年则称赞《红楼梦》是"一部文备众体的'奇书'，是一部千古绝唱"（李绍年，1995：62）。

到目前为止，《红楼梦》已被译为英、日、法、俄、德等二十余种文字，六十余种译本。其中译本较为丰富的有韩译本、日译本、英译本和法译本。最早的《红楼梦》全译本当属韩译乐善斋本①。略去节译本、缩译本等不谈，《红楼梦》韩文全译本还有李周洪（1969）全译本，

崔溶澈、高旼喜（2007）合译全译本等。《红楼梦》传入日本时间最早，译本数量也最多。孙玉明（2006）认为《红楼梦》于 1793 年传播到日本长崎，是《红楼梦》走向世界的最早记录。日译本始自 1892 年，目前各译本总数已超过三十种，其中全译本就有松枝茂夫（1940）全译本、伊藤漱平（1958）全译本、饭塚朗（1980）全译本和井波陵一（2013）全译本四种。1958 年，由俄罗斯汉学翻译家帕纳秀克（В. А. Панасюк）（1958）翻译的《红楼梦》俄文全译本，为《红楼梦》第一部西方全译本。英译本最为读者熟悉，现存的三个全译本分别为杨宪益和戴乃迭（Gladys Yang）（1978）译本、霍克思（David Hawkes）和闵福德（John Minford）（1973）译本以及邦斯尔神父②（Reverend Bramwell Seaton Bonsall）译本。此外，影响较大的译本还有弗兰茨·库恩（Franz Kuhn）（1932）的德译本，李治华及其法籍夫人雅克琳·阿雷扎伊丝（Jacqueline Alézaïs）（1981）合译的法译本等。

此外，其他语种译本也在陆续出版，如荷兰汉学家沃斯德曼（1946）翻译的荷译本，缅甸

---

① 乐善斋本《红楼梦》，出现于 1884 年前后，由朝廷组织李种泰等译官翻译，现藏于韩国学中央研究院珍藏室。

② 邦斯尔神父《红楼梦》英译本由香港大学图书馆在其主页以电子版本的形式发布。

著名作家妙丹丁(1988)翻译的缅译本,斯洛伐克汉学家黑山(2001)翻译的斯洛伐克文译本等。

在各语种译本陆续登场的同时,《红楼梦》翻译研究也随之发展起来。自1979年以来的三十余年中,《红楼梦》翻译研究逐渐发展为红学的一个研究热点。为了更好地梳理《红楼梦》翻译研究的现状以及明确未来的研究方向,本文拟对近36年来《红楼梦》的翻译研究进行综述。虽已有数位学者做过类似研究,但多数只关注英译发展状况,时间跨度偏短,且选取语料时遗漏了红译研究最重要的学术论坛《红楼梦学刊》。本文试图尽力弥补以上缺陷,以增强统计结果的准确性。基于搜集到的自1979至2014年间在国内22种常用学术期刊上发表的328篇论文,本文拟从论文数量、研究方法、研究语种、研究焦点和研究角度五个方面来对《红楼梦》翻译研究的发展过程进行一个较为细致的梳理与分析。

2 《红楼梦》翻译研究现状综述

2.1 论文数量

笔者首先通过CNKI中国知网学术文献总库检索"红楼梦"、"译"两个关键词,根据模糊检索的数量结果确定了本语料所选期刊。再检索各期刊,逐一浏览各期刊自1979年至2014年间所出版的每一期目录,筛选出相关文章。然后,针对每一种期刊,均以检索关键词"红楼梦"、"译"的方法来检查有无遗漏,如此重复操作,搜集到了共328篇论文作为本文的研究语料。各期刊发表的有关《红楼梦》翻译研究的论文数量如表1所示。

表 1 《红楼梦》翻译研究论文各期刊
发表数量统计① (1979—2014)

期刊名称	论文篇数	期刊名称	论文篇数
《红楼梦学刊》	154	《中国外语》	7
《中国翻译》	26	《中国俄语教学》	6
《外语与外语教学》	17	《解放军外国语学院学报》	5
《语言与翻译》	14	《外语教学与研究》	5
《外国语文》	14	《外国语》	4
《外语教学》	13	《上海翻译》	4
《天津外国语大学学报》	13	《日语学习与研究》	4
《外语学刊》	9	《外语研究》	3
《山东外语教学》	8	《外语电化教学》	2
《西安外国语大学学报》	8	《法国学习》	2
《北京第二外国语学院学报》	8	《法国研究》	2
		22种期刊总计	328

表1显示,《红楼梦学刊》作为红学研究的重要学术园地,刊文数量最多,约占语料总数的47%。其次是《中国翻译》,刊文26篇,约占8%。然后是《外语与外语教学》、《语言与翻译》、《外国语文》、《外语教学》和《天津外国语大学学报》,刊文篇数分别为17、14、14、13和13。其余一些常用外语类期刊,刊文数量皆在10篇以下,尤其是一些小语种类期刊,如《日语学习与研究》、《法国学习》和《法国研究》,刊文数量仅分别为4、2和2篇。

为更好地从宏观上了解《红楼梦》翻译研究的状况,在完成横向分析之后,我们也对其进行了纵向分析。其历年发表论文数量如图1所示:

① 《中国翻译》前身为《翻译通讯》,《西安外国语大学学报》前身为《西安外国语学院学报》,《天津外国语大学学报》前身为《天津外国语学院学报》,《外国语文》前身为《四川外语学院学报》),《上海翻译》前身为《上海科技翻译》。在统计时,使用两个刊物名称发表的论文均在统计之列。

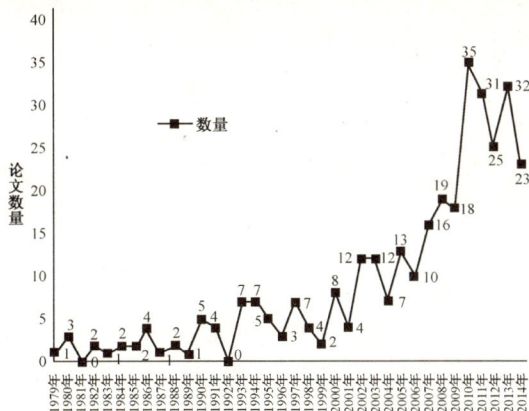

图1 《红楼梦》翻译研究论文历年
发表数量统计(1979—2014)

上图显示,1979 年以来,每年发表的《红楼梦》翻译研究论文数量虽有波动,但总体呈上升趋势。以 2002 年为转折点,此后每年论文数量呈现大幅度增长,这侧面说明了 2002 年 10 月 25 日在南开大学召开的"全国《红楼梦》翻译研讨会"对《红楼梦》翻译研究起到了推动作用。此外,《红楼梦学刊》于 2010 年第 6 辑推出了《红楼梦》翻译研究专辑,刊登了 16 篇相关学术论文,也进一步促进了《红楼梦》翻译研究的发展。

2.2 研究方法

定性和定量研究是研究中常用的两种方法。定性研究主要以现象学为理论基础,采用字词、文本、叙述、图片等来收集和分析世界的非数字表征;定量研究则以实证主义为理论基础,使用问卷、测量、实验的方法来分析世界的数字表征(张丽华,2008:33)。本文基于上述定义,对 328 篇论文进行了分类。因定量研究离不开定性研究这一基础,故这里的分类标准是就主导方法而言的。统计结果详见表2:

表2 《红楼梦》翻译研究论文研究方法
数量统计(1979—2014)

研究方法	定性研究	定量研究	总计
研究数量	272	56	328

使用定性研究方法的论文多达 272 篇,约占总数的 83%。受学科性质限制,出现以上统计结果也在情理之中。这些论文中有相当

一部分均采用了比较—分析—结论模式,即选取某几种译本(以霍克思译本和杨宪益译本居多),分析其中的若干译例,最后得出相关结论,如吕敏宏的《"足译"与"忠实"——〈红楼梦〉英译本比较研究》(吕敏宏,2002)。

采用定量研究方法的论文共 56 篇。随着计算机的广泛运用,以语料库为辅助手段的研究方法逐渐受到亲睐。如刘泽权自建《红楼梦》中英文平行语料库,进行了一系列相关研究,发表了 12 篇相关论文;黄勤亦借助语料库,先后对比研究了元话语"又"、"原来"及"不过"在杨译本和霍译本中的再现情况。虽然由于《红楼梦》现存版本众多加之各译者在翻译时参考了不同底本的缘故,导致学者们创建的《红楼梦》中英文平行语料库的科学性还有待考证,但语料库方法无疑为译本对比研究提供了更为客观详细的数据,在一定程度上提高了《红楼梦》翻译研究的科学性。此外,海芳使用了双尾检验、皮尔逊相关系数等定量研究的手段,得出了更为深入的结论,即"杨译多用异化—归化连续体的两端译法,霍译多用中段译法;杨译译法比较分散,霍译译法则相对集中在异化上"(海芳,2003)。

2.3 研究语种

目前,学者们针对《红楼梦》各语种译本的研究情况见表3:

表3 《红楼梦》翻译研究论文所涉语种
篇数统计(1979—2014)

语种	篇数	语种	篇数	语种	篇数
英语	239	哈萨克语	3	挪威语	1
俄语	15	意大利语	2	瑞典语	1
日语	15	蒙古语	2	芬兰语	1
德语	14	西班牙语	2	越南语	1
法语	13	冰岛语	1	罗马尼亚	1
韩语	12	荷兰语	1	缅甸语	1
维吾尔语	8	捷克语	1		
斯洛伐克语	4	丹麦语	1		

在统计的 328 篇论文中,所涉 22 种语种。其中英语语种论文共 239 篇,约占总数 73%。

其他语种总计 100 篇①。涉及俄语、日语、法语、德语和韩语语种的文章数量均在 10 篇以上。其他所涉 16 种小语种的 31 篇文章中,涉及哈萨克语以及维吾尔语的相关文章均发表在《语言与翻译》上,1 篇涉及斯洛伐克语的文章发表在《天津外国语大学学报》上,1 篇涉及意大利语的文章发表在《中国翻译》上,其余文章均发表于《红楼梦学刊》上。从论文内容上看,多数针对小语种译本翻译研究的文章并未涉及具体的翻译理论、策略等的讨论,而多是关于《红楼梦》翻译史、译著前言或后记、底本考证等内容。

2.4　研究焦点

本文所搜集的文章因时间跨度大、期刊种类多,所涉研究焦点也十分广泛,具体分类见下表 4。

表 4　《红楼梦》翻译研究论文研究焦点统计

研究焦点	论文数量	所占比例	研究焦点	论文数量	所占比例
文化内容翻译	52	15.9%	译著前言或后记	9	2.7%
翻译史及翻译研究史	36	11.0%	书名翻译	8	2.4%
字词翻译	34	10.4%	人物形象翻译	6	1.8%
诗词翻译	31	9.6%	人名翻译	6	1.8%
书评译评	26	7.9%	片段翻译	5	1.5%
习语熟语等翻译	19	5.8%	对联典故翻译	4	1.2%
译文及底本考证	13	4.0%	回目翻译	3	0.9%
对话翻译	13	4.0%	器皿翻译	2	0.6%
修辞翻译	13	4.0%	灯谜翻译	1	0.3%
称谓翻译	9	2.7%	其他	52	15.9%

由上表可知,文化内容翻译、翻译史及翻译研究史、字词翻译、诗词翻译、书评译评、习语熟语等翻译、译文及底本考证、对语翻译、修

辞翻译共约占语料总数的 72%②,是《红楼梦》翻译研究的主要焦点。

焦点之一:文化内容翻译。主要研究内容包括文化差异、跨文化翻译、文化翻译策略、文化移植、文化误译等。2000 年之前,此方面相关学术论文寥寥可数,2000 年后这一主题开始吸引大批学者。缪维嘉(2005)论述了《红楼梦》杨译本和霍译本各自采取的妥协手段,证明了合理使用妥协有利于成功进行文化移植和跨文化交际。李欣(2007)根据刘宓庆对文化可译性限度的研究,分析了《红楼梦》的两个英译本如何最大限度地限制了文化的可译性限度。李雁(2014)从深度翻译的理论视角分析了法译本中透显的文化现象,探讨了译者如何将中国古典文化展示给法语读者。李磊荣(2010)和包玉慧等(2014)分别论述了《红楼梦》文化翻译中的误译问题。

焦点之二:翻译史及翻译研究史。萧钟和(1986)梳理了《红楼梦》从摘译、节译到全译 140 多年的英译史。冀振武(1995)叙述了松枝茂夫翻译《红楼梦》全译本的艰辛历程。郭玉梅(2012)回顾了《红楼梦》在法国传播的坎坷百年史。李锦霞、孙斌(2009)运用历史研究法对跨越 150 多年的《红楼梦》三种俄译本进行了全面描述,揭示了《红楼梦》俄译事业的发展脉络。文军、任艳(2012)统计了中国知网收录的自 1979 至 2010 年间发表的 782 篇《红楼梦》英译研究论文,从多个角度对《红楼梦》英译研究的现状进行了综述。

焦点之三:字词翻译。刘泽权、张丹丹(2014)以《红楼梦》中"吃"所构成的熟语及其英译为例,验证了基于平行语料库的汉英文学翻译研究对汉英词典编纂的借鉴作用;黄勤、王晓利(2010)基于语料库,对比研究了《红楼梦》中的元话语"又"在两英译本中的再现情况。此外,刘名扬(2010)探讨了俄译本中藻饰性色彩词语的翻译,成蕾(2011)分析了法译本

① 少数论文涉及多种语种,如《〈好了歌〉俄译本和罗马尼亚译本比较研究》,分别归入相应语种重复计数。

② 少数论文涵盖多个研究焦点,如《从文化比较看〈红楼梦〉英译本》,谈到了文化翻译和书名翻译,类似文章分别归入相应焦点重复计数。

中节气术语的翻译。

焦点之四:诗词翻译。研究对象为人物判词、葬花词、《好了歌》等的翻译。李绍年(1994)对比分析了《红楼梦》中金陵十二钗判词的维吾尔语译文和哈萨克语译文。温建平(2005)以《葬花辞》三种译文人称代词的选择为切入点,探讨了汉诗英译中译者的诠释空间。赵秀娟(2011)基于伊藤漱平《红楼梦》日译本中的《好了歌》与《好了歌注》的翻译分析,探讨了诗歌翻译中的押韵现象及文化意象的对译问题。

焦点之五:书评译评。姜其煌(1980)和韩忠华(1986)分别评介了《红楼梦》霍译本和杨译本。肖维青(2009)以冯庆华所著《母语文化下的译者风格——〈红楼梦〉霍克思与闵福德译本研究》一书为评价对象,讨论了语料库在《红楼梦》译者风格研究中的应用,指出该书为学者们提供了较好范例。然而,洪涛(2011)同样以该书为评价对象,得出了截然不同的结论,认为创建《红楼梦》语料库不能随意,汉语底本的选择问题决不能草率,否则《红楼梦》翻译评论的基础将变得脆弱。

焦点之六:习语熟语等翻译。廖泽余(1994)通过《红楼梦》维译本中的熟语翻译,探索了熟语翻译的特殊规律。刘泽权、朱虹(2008)借助于语料库,比较了《红楼梦》三个英译本在再现原文习语方面的异同得失以及相应的规律性策略。张映先、张人石(2010)从翻译伦理的视角审视了《红楼梦》霍译本对避讳语的处理。

焦点之七:译文及底本考证。王薇(2005)、王金波(2007)和姚珺玲(2010)先后考证了《红楼梦》德文译本的底本并进行了争鸣。刘迎姣(2013)考证了霍克思译本第一卷底本。唐均(2014)通过实地考察,披露了《红楼梦》斯洛伐克翻译手稿的详细信息。

焦点之八:对话翻译。王涛(1997)审视了《红楼梦》两英译本中对话美的再现。高旼喜(2011)认为对话是"小说的灵魂",其翻译要以表现人物个性为中心。黎诗薇(2013)从法译本中人物个性语言的翻译策略出发,探讨了该

译本有待完善之处。

焦点之九:修辞翻译。梁伟(2008)以《红楼梦》中某些修辞的维译为切入点,探讨了其可译性和不可译性的问题。郭玉梅(2008)评析了《红楼梦》法译本对若干汉语修辞格的翻译策略。牛丽红(2012)则论述了汉、俄悲哀情绪通感隐喻的个性差异。

2.5 理论视角

三十余年来,《红楼梦》翻译研究的理论视角得到了极大拓展。见下表5所示:

表5 《红楼梦》翻译研究论文理论视角统计

理论视角	论文数量	理论视角	论文数量
语料库语言学	22	互文性	2
系统功能语言学	9	叙事学	2
社会语言学	1	女性主义	2
认知语言学	7	心理学	1
语用学	5	版本学	1
阐释学		生态翻译学	1
译者主体性	9	后殖民主义理论	1
美学	5	解构主义理论	1
修辞学	5	功能派翻译理论	4
符号学	3	翻译伦理学	1

上表显示,在进行《红楼梦》翻译研究时,学者们除了使用了翻译理论外,还使用了美学、叙事学、阐释学、符号学、后殖民主义等跨学科理论。《红楼梦》翻译研究已摆脱了早期的单一研究角度,显现出其跨学科的研究特色,如刘迎姣(2012)从译者主体性角度对比分析了杨译本和霍译本;陈历明(2004)借助后殖民主义批评视角,论述了两英译本译者在翻译文化现象时各自不同的文化意识和处理方式;盛文忠(2013)以《红楼梦》伊藤漱平日译本为研究对象,从认知模式角度阐述了汉日语在句式、动词、主语和形式名词使用方面的差异。

3 《红楼梦》翻译研究现状分析

3.1 《红楼梦》翻译研究成就

30多年来,《红楼梦》翻译研究经历了从

无到有到繁荣的历程,具体表现在:

3.1.1　研究焦点日趋丰富

目前的《红楼梦》翻译研究涵盖了文化内容翻译、诗词翻译、书名翻译、对话翻译、人名翻译等内容,其焦点研究不仅在广度上得以持续拓宽,在深度上也趋于越发细致。以字词研究为例,以往大部分研究主要集中在对某一类词的研究,如感叹词、色彩词、文化负载词等。而近年来,针对具体词的研究开始增多,如"原来"、"笑道"、"姑娘"等,研究内容逐渐趋向深度化。

3.1.2　多学科特色不断凸显

《红楼梦》翻译研究的研究角度不仅涉及语文学派、语言学派、文化学派和哲学学派等各大翻译流派,还跨学科运用了美学、叙事学、阐释学、符号学、后殖民主义等理论,可见,其跨学科特色越发凸显。多学科理论的合理使用,可有效增强《红楼梦》翻译研究结果的科学性,进而促进其健康发展。

3.1.3　研究深度逐步加强

《红楼梦》翻译研究在深度上也有了较大进步:

首先,研究学者批评意识加强。如洪涛对于冯庆华所著《母语文化下的译者风格》的质疑,说明学者们越来越具有批判意识。此类研究能够有效引起学术争鸣之势,推动《红楼梦》翻译研究朝着更科学的方向发展;

其次,研究学者开始关注尚未廓清的《红楼梦》底本问题,如李晶(2013),胡欣裕(2013)等。此类研究一方面有助于增强读者对译文的全面了解,另一方面可以减少由于研究语料不准确而导致研究结果不可信的情况。

3.2　《红楼梦》翻译研究现存不足

《红楼梦》翻译研究虽已取得了巨大突破,但如其他任何一门学科一样,在发展的道路上,《红楼梦》翻译研究也或多或少会存在一些问题。

3.2.1　部分学术期刊支持力度不够

从论文数量上来看,刊物发文数量差别大。《红楼梦学刊》作为红学研究最重要的学术基地,发文数量遥遥领先。而其他一些常用外语类期刊的发文数量较少,一些期刊如《上海翻译》等,并未收录相关文章;《日语学习与研究》和《外国语》,在2000至2014年间未再刊出《红楼梦》翻译研究相关文章。为促进《红楼梦》翻译研究的发展,各学术期刊应保持乃至加大收录相关文章的支持力度。

3.2.2　定量研究方法使用不足

从研究方法来看,定性研究仍占绝对优势。学者们大多针对某一译本或若干译本中的若干译例进行分析探讨,此类研究主观性很强,容易造成以偏概全,且一些学者未将所评译本的底本考虑在内而造成了误判。近年来,随着研究意识的增强及语料库技术的进步,定量研究方法的使用呈现上升趋势,2008年以来使用该方法的论文达到了49篇,在一定程度上提高了研究结果的科学性和客观性。但总体看来,使用定量研究方法的论文仍只占少数,未来《红楼梦》翻译研究应继续加大定量研究方法的使用。

3.2.3　小语种译本翻译研究薄弱

从研究语种来看,研究重心仍集中在英语语种上。其他语种,尤其是除韩、日、俄、法、德之外的一些小语种的翻译研究尚处于起步阶段,研究方法暂且不论,单是论文数量就足以说明这些语种的翻译研究还存在着很大的发展空间。排除目前国内学习并掌握小语种的学者人数较少这一客观因素,该现象也表明了《红楼梦》在这些小语种国家的传播力度依然薄弱,未能激起相关学者的研究兴趣。如何提高《红楼梦》在小语种国家的知名度和影响力,从而引发其研究热潮,也是未来《红楼梦》翻译研究需要关注的方面。

3.3　《红楼梦》翻译研究前景展望

总体而言,《红楼梦》翻译研究存在广阔的前景:

3.3.1　文化内容翻译研究潜力巨大

周汝昌(2009)曾评价《红楼梦》"是中华民族的一部'文化小说',名实相副,当之无愧,何用谦虚"。事实的确如此,《红楼梦》中的文化内容足以为其翻译研究源源不断提供资源。近年来,有关文化内容翻译研究的广度持续得到拓展,除常见研究热点外,已有学者针对服饰文化和医药文化进行了相关研究,如张慧琴

（2014），包玉慧（2014）等，但还有众多领域，如民俗、园林、礼仪、游艺、戏曲方面的研究力度较弱或尚未涉猎，研究潜力巨大。

3.3.2　多学科翻译研究将继续加强

目前《红楼梦》翻译研究结合了语言学、美学、符号学、修辞学等学科，采用了多个研究角度。但此方面论文数量仍然较少，且部分文章浅尝辄止，研究角度广有余而深不足。在未来研究中，应继续加大跨学科理论的运用研究，以提高研究成果的科学性。从学术背景看，《红楼梦》翻译研究学者大多为外语专业出身，跨学科知识相对薄弱，若一些具备其他专业学科知识的人员能参与进来，如北京中医药大学基础医学院的陈绍红，相信研究成果的科学性将上一个新台阶。

4　结　语

早在 1993 年，李绍年（1993）就说："建立'《红楼梦》翻译学'已刻不容缓。"两年后，李绍年（1995）接着说："把《红楼梦》的翻译研究作为专门的一项学科——红楼梦翻译学，并不过分，更无什么多此一举之嫌。"22 年过去了，《红楼梦》翻译研究虽取得了显著成绩，但依然任重道远。学者们还需坚持不懈，努力提高自身科研水平，以确保《红楼梦》翻译研究朝着更加辉煌的未来迈进。

参考文献

[1] 包玉慧，方廷钰，陈绍红.论《红楼梦》英译本中的中医文化误读.中国翻译，2014（5）：87 – 90.

[2] 成蕾.论译者在"春夏秋冬"中的困惑——浅析《红楼梦》李治华法译本中对节气术语的翻译策略.红楼梦学刊，2011（6）：130 – 145.

[3] 陈历明.从后殖民主义视角看《红楼梦》的两个英译本.四川外语学院学报，2004（6）：110 – 114.

[4] 崔溶澈，高旼喜译.《红楼梦》（韩文本）.首尔：Nanam 出版社，2007.

[5] 饭塚朗译.《红楼梦》（日文本）.东京：集英社，1980.

[6] 高旼喜.《红楼梦》的对话翻译——以表现人物个性为中心.红楼梦学刊，2011（6）：251 – 273.

[7] 郭玉梅.《红楼梦》在法国的传播与研究.红楼梦学刊，2012（1）：248 – 266.

[8] 郭玉梅.评《红楼梦》法译本对若干汉语修辞格的翻译策略——兼论翻译对源语文化信息的传达.法国研究，2008（1）：32 – 42.

[9] 海芳.归化、异化的统计与分析——《红楼梦》口语辞格英译研究.外语学刊，2003（1）：99 – 103.

[10] 黄勤，王晓利.基于语料库的《红楼梦》中的元话语"又"及其英译对比研究.西安外国语大学学报，2010（3）：96 – 99.

[11] 黑山.《红楼梦》的斯洛伐克文翻译.红楼梦学刊，1997（4）：302 – 305.

[12] 洪涛.《红楼梦》语料库建设和翻译案例研究的几个疑团——以《母语文化下的译者风格》为中心.红楼梦学刊，2011（2）：271 – 290.

[13] 胡欣裕.霍克思的红学研究与底本处理方式的转变.红楼梦学刊，2013（4）：270 – 282.

[14] 韩忠华.评《红楼梦》杨氏英译本.红楼梦学刊，1986（3）：279 – 303.

[15] 井波陵一译.新译《红楼梦》（日文本）.东京：岩波书店，2013—2014.

[16] 姜其煌.《红楼梦》霍克思英文全译本.红楼梦学刊，1980（1）：311 – 322.

[17] 冀振武.历尽艰辛译红楼.红楼梦学刊，1995（1）：317 – 324.

[18] 黎诗薇.《红楼梦》法译本翻译策略初探.红楼梦学刊，2013（3）：285 – 297.

[19] 李锦霞，孙斌.别求新声于异邦——《红楼梦》俄译事业的历时研究.中国俄语教学，2009（1）：69 – 72.

[20] 李晶.底本歧异与杨译《红楼梦》的得失之探.红楼梦学刊，2013（2）：234 – 262.

[21] 李磊荣.《红楼梦》俄译本中的文化误译.中国俄语教学，2010（3）：61 – 66.

[22] 李绍年.《红楼梦》翻译学刍议.语言与翻译，1993（1）：30 – 36.

[23] 李绍年.迷离幻境"真事隐"——金陵十二钗判词译文初析.语言与翻译，1994（2）：48 – 63.

[24] 李绍年.《红楼梦》翻译学概说.语言与翻译，1995（2）：62 – 71.

[25] 李欣.从《红楼梦》英译看文化翻译的可译性限度.北京第二外国语学院学报，2007（12）：20 – 24，11.

[26] 李雁.《红楼梦》法译本的"深度翻译"及其文化传递.外语教学与研究，2014（4）：616 – 624，641.

[27] 李周洪译.《红楼梦》（韩文本）.首尔：乙酉文化社出版，1969.

[28] 梁伟.汉维文学翻译中明晰化现象发生原因探

析.语言与翻译,2008(1):58 - 61.

[29] 廖泽余.《红楼梦》维译本熟语翻译抉微.语言与翻译,1994(2):72 - 85.

[30] 刘名扬.《红楼梦》藻饰性色彩词语的俄译处理.红楼梦学刊,2010(6):307 - 322.

[31] 刘迎姣.《红楼梦》英全译本译者主体性对比研究.外国语文,2012(1):111 - 115.

[32] 刘迎姣.《红楼梦》霍译本第一卷底本析疑.外语教学与研究,2013(5):766 - 775,801.

[33] 刘泽权,朱虹.《红楼梦》中的习语及其翻译研究.外语教学与研究,2008(6):460 - 466.

[34] 吕敏宏."足译"与"忠实"——《红楼梦》英译本比较研究.外语与外语教学,2002(7):61 - 64.

[35] 妙丹丁.《红楼梦》(缅文本).仰光:缅甸新力出版社,1988.

[36] 缪维嘉.从《红楼梦》英译看文化移植中的"妥协".外语教学,2005(5):59 - 62.

[37] 牛丽红.《红楼梦》及其俄译本中悲哀情绪的通感隐喻对比分析.中国俄语教学,2012(1):50 - 53.

[38] 帕纳秀克.《红楼梦》(俄文本).B.A译.莫斯科:苏联国家文学艺术出版社,1958.

[39] 盛文忠.从《红楼梦》伊藤漱平(1969)日译本看中日认知模式差异.红楼梦学刊,2013(1):308 - 326.

[40] 松枝茂夫译.《红楼梦》(日文本).东京:岩波书店,1940.

[41] 孙玉明.日本红学史稿.北京:北京图书馆出版社 2006.

[42] 唐均.《红楼梦》斯洛伐克翻译手稿论.红楼梦学刊,2014(2):234 - 249.

[43] 王金波.《红楼梦》德文译本底本再探——兼与王薇商榷.红楼梦学刊,2007(2):170 - 186.

[44] 王涛.从《红楼梦》的两个英译本中对话片段看小说翻译中对话美的再现.中国翻译,1997(4):23 - 26.

[45] 王薇.《红楼梦》德文译本的底本考证.红楼梦学刊,2005(3):298 - 311.

[46] 温建平.汉诗英译中的人称确定与译者的诠释空间——从《葬花辞》的三种译文谈起.外语与外语教学,2005(1):50 - 54.

[47] 文军,任艳.国内《红楼梦》英译研究回眸(1979—2010).中国外语,2012(1):84 - 93.

[48] 沃斯德曼撰,章因之译.《红楼梦》荷兰文译本序言.红楼梦学刊,2004(3):288 - 299.

[49] 肖维青.语料库在《红楼梦》译者风格研究中的应用——兼评《母语文化下的译者风格——〈红楼梦〉霍克斯与闵福德译本研究》.红楼梦学刊,2009(6):251 - 261.

[50] 萧钟和.《红楼梦》英译探源及书名译法商榷.外语教学,1986(2):65 - 67.

[51] 杨宪益,戴乃迭译. A Dream of Red Mansions. 北京:外文出版社,1978—1980.

[52] 姚珺玲.《红楼梦》德文译本底本三探——兼与王薇、王金波商榷.红楼梦学刊,2010(3):96 - 113.

[53] 伊藤漱平译.《红楼梦》(日文本).东京:平凡社,1958.

[54] 张丹丹,刘泽权.《红楼梦》乔利译本是一人所为否?——基于语料库的译者风格考察.中国外语,2014(1):85 - 93.

[55] 张慧琴.《红楼梦》服饰文化英译策略探索.中国翻译,2014(2):111 - 115.

[56] 张丽华.定性与定量研究在教育研究过程中的整合.教育科学,2008(6):33 - 36.

[57] 张映先,张人石.《红楼梦》霍克思英译本中避讳语翻译的伦理审视.红楼梦学刊,2010(2):306 - 322.

[58] 赵秀娟.试析伊藤漱平《红楼梦》日译本中"好了歌"及"好了歌注"的翻译.红楼梦学刊,2011(6):200 - 213.

[59] 周汝昌.红楼梦和中华文化.上海:中华书局,2009.

[60] Čarnogurská, Marina. *Cchao Süe-Cchin: Sen o Červenom pavilóne: 1 - 4 diel*. Bratislava: Petrus, 2001—2003.

[61] Hawkes, D. & Minford, J. *The Story of the Stone (Volumes 1 - 3)* [Z]. London: Penguin Books, 1973—1980, 1982—1986.

[62] Kuhn, Franz. *Der Traum der roten Kammer*. Leipzig: Insel, 1932.

[63] Li, T. & J. Alézaïs. *Le rêve dans le Pavillon Rouge*. Paris: Gallimard, 1981.

[64] Vorstman, Ad. *De Droom in de Roode Kamer*. Belgium: Uitgeversfirma N. VHet Pennoen, 1946.

[作者信息]　黄勤,博士,华中科技大学外国语学院教授、博士生导师,翻译研究中心主任。研究方向:翻译理论与实践、英汉语言对比。

朱红,华中科技大学外国语学院硕士研究生。研究方向:翻译理论与实践、文学翻译。

中国古典文学在西班牙的翻译情况初探

常州大学　侯　健　张　琼

摘　要:西班牙语与汉语存在着巨大的差异,但是众多西班牙语著名作家如豪尔赫·路易斯·博尔赫斯、奥克塔维奥·帕斯等的著作中早已给予了中国文学,尤其是中国古典文学以巨大的肯定。在中国西班牙语学者和西班牙的汉学家们的努力下,自20世纪中叶对我国古典诗歌的翻译,到《红楼梦》、《西游记》等明清小说,再到近年的《金瓶梅》,在西班牙翻译出版了众多的中国古典文学作品。本文拟对中国古典文学在西班牙的翻译出版情况进行初步的总结,在概述已有成果的同时,指出我国古典文学西译过程中出现的诸如传播范围局限、影响力不足、汉语译者参与度低等问题。

关键词:中国古典诗歌;明清小说;翻译;传播;西班牙

古典文学在我国文学史上占有着不可替代的地位,同时,作为文明高度发达的古中国的代表性艺术成果之一,我国古典文学又被大量翻译成其他语言,传播到其他国家。在这一方面,西班牙语国家虽然不像英美等文化发达国家的步伐那样迅速,但也从20世纪中叶开始有条不紊地进行着这项工作。我国大量古典文学名著有了西班牙语的译本,并且在西班牙语国家出版发行。这其中既有国外汉学家的功劳,也有我国西班牙语工作者的努力。但与此同时,因为起步晚以及翻译技巧等方面的不成熟和中国与西语国家之间巨大的文化差异,现有的我国古典文学的西语译本又存在着各种各样的问题。

本文拟通过对我国古典文学在西班牙的翻译出版情况的回顾:涉及古典典籍、古典诗歌以及明清小说在西班牙的翻译,试图总结我国古典文学西译的既有成果(数量和质量上的有序提高)和表现出的种种问题:传播范围局限,受众面小、译作影响力不足以及中国译者参与程度低。

1　中国古代典籍著作在西班牙的译介活动

在西班牙,对我国古典文学作品的翻译大致始于20世纪中叶,但有着零散且翻译选材单一的特点和不足,而在20世纪末、21世纪初,西班牙对我国古典文学作品的翻译才在数量上和质量上都达到了一个高峰。

事实上,在西班牙,首先引起翻译家们重视的我国古典作品并非文学类著作,而是以孔子、孟子等为代表的哲学类典籍。这种情况的出现自然也有一定的历史原因在其中。正如中国古典文学翻译在西班牙刚刚兴起的20世纪中叶的西班牙文学课本中所写:

中国文学是世界上最古老的文学。但是在很长时间内,我们欧洲对中国文学所知甚少。中国孤立于我们之外长达千年,直到著名的意大利商人马可·波罗的游记面世,才使我们开始关注这个国家。但是直到今日,我们在翻译中国文学的过程中仍然遇到了很多的困难,因为汉语和我们所熟悉的语言相比有着巨大的差异。因此,很不幸,中国千年以来大量的文学作品我们还无缘得见……古代中国最伟大的思想家和哲学家是孔子和老子,了解儒家学说和老庄之道是研究中国传统文化思想和中华文明的不二法门。[①]

正是在这种"不了解儒家、道家文化,就不

---

①　Departamento de Investigaciones Educativas de Santiana, *Senda*: *Literatura 1*, Madrid: Santillana, 1973, p. 25 译文出自本文作者。

能理解中国古代文化"的思想指引下,在西班牙出版了大量的相关翻译。远在 1954 年,西班牙就出版了《中国经典著作》①一书,书中收录的基本都是孔子和孟子著作的节选翻译,此书在 1969 年进行了再版。1968 年,西班牙 Bruguera 出版社出版了《四书五经》的西班牙语译本,由此解开了《四书五经》在西班牙的译介的序幕:Augusta 出版社、Plaza & Janes 出版社、Ediciones B 出版社、Edicomunicación 出版社分别在 1972 年、1982 年、1997 年、1998 年推出了《四书五经》的新译本。可以说,在我国众多古典著作中,《四书五经》是拥有西班牙语版本最多、影响最大的著作之一。

除了对儒家学说的翻译之外,在西班牙还出版了大量对于这类书籍的研究性专著,较有影响的有:《三位先导:佛祖、孔子和穆罕穆德》(Ramiro A. Calle,1976)、《真实的孔子》(Annping Chin,2009)、《中国的思想:从孔子到毛泽东》(Herrlee G. Creel,1976)、《历史上的伟大人物:孔子》(Lanciotti Lionello,1969)等。同样,老子的《道德经》也受到了西班牙翻译家的重视,不仅有 1979、1984、1987、2003 等多个版本,还曾被收录入中学文学课的课本。

对于我国儒家、道家经典著作的大量翻译反映出西班牙汉语翻译界在刚刚开始对我国古典著作进行翻译时的价值取向。正如我们在上文所提到的,在西班牙,人们认为只有了解了儒、道时期的哲学思想,才有可能进而理解古老的中华文明。要完成这一目标,仅仅通过再版或新译四书五经、《道德经》是很难做到的,因此在同一时期的西班牙,还出版了众多我国公元前的经典著作,其中甚至包括《易

经》②这样难读、难译的著作。而被誉为"兵学圣典"、体现了道家和兵家哲学的《孙子兵法》更是受到了西班牙的汉语翻译家们的青睐。1974 年,巴塞罗那著名的 Anagrama 出版社翻译出版了《孙子兵法中的十三条计谋》③一书,译者在介绍这部名著时如是说:"本书是世界上最著名的谋略书。它的内容涉及冲突、竞争和人与人、国与国之间各个层次的权力矛盾。"④而在 2012 年的新译本序言中,译者对《孙子兵法》的称赞又提升了一个档次:"这不是一本军事书籍,它其中蕴含的智慧可以帮助我们找到冲突的根源,并以此出发来解决问题。'不战而屈人之兵,善之善也',孙子这样说道,这也正是智者和莽夫的区别呀。"⑤而在 2014 年的版本中,译者更是说:"除了是一本军事书籍,这本书还可以帮助我们分析任何有冲突和矛盾潜藏于其中的事物:政治、经济、哲学、法律、心理学、人类社会等。"⑥

从三个西班牙语版本的《孙子兵法》的译者介绍中,我们可以清楚地看到西班牙译者对于这部中国古典名著的理解的不断深入的过程。对于上述我国古典哲学思想类名著的译介确实加深了西班牙民族对于遥远中国的认识,这也为我国古典文学在西班牙的翻译出版工作奠定了较为坚实的基础。

2   中国古典文学在西班牙的译介活动

2.1   古典诗歌的翻译情况

根据我们掌握的资料,最早在西班牙翻译出版的较完整的我国古典文学名著极有可能是 1945 年在巴塞罗那出版的《西游记》的西班牙语译本,这部并非全译本的译作在当时的译

---

① Kung Fu Tse y Meng Tse, *Los libros canónicos chinos*, Madrid:Bergua, 1954

② Richard Wilhelm, *I Ching*, Madrid:Edhasa, 1990

③ Sun Tse, *Trece artículos sobre el Arte de la guerra*, Barcelona:Anagrama, 1974

④ 同上。译文出自本文作者。

⑤ Sun Tse, *Arte de la guerra*, Madrid:Mandala, 2012.译文出自本文作者。

⑥ Sun Tse, *Arte de la guerra*, Madrid:Gala, 2014..译文出自本文作者。

名是《猴王》①。尽管如此,在西班牙对我国古典文学的早期翻译过程中,对于《西游记》这样的大部头章回体小说的翻译还只是不成体系的零星之作,没有对西班牙汉语翻译家们总结汉语名著西译的经验起到太大的作用。同时,由于巨大的文化差异,这类大部头古典小说很难在对中国知之甚少的西班牙读者群中产生巨大的反响。

在这种背景下,诗歌,这种通常短小精悍而又让人回味无穷的艺术表现形式,成为了中国古典文学打开西班牙大门的急先锋。早在1962 年,翻译家 Marcela de Juan(1905—1981)就在 Occidente 杂志上选译了数十首中国古典诗歌,这些译作至今仍被视为"中国古典诗歌的西班牙语翻译中难以超越的经典"②,并由 Alianza 出版社在 2012 年结集出版。除了这部经典的译本外,在西班牙还大量出版了对于我国古典诗歌的翻译作品,如《中国诗歌选:从公元前二十二世纪到文革时期》(1973)、《中国诗歌》(1982)、《中日韩禅诗选集》(1997)、《中国古典诗词》(2001)、《灵魂与肉体:中国的诗歌与书法选》(2005)、《西汉对照书画中国诗词》(2006)、《中国爱情诗歌精华》(2007)、《中国诗词必读》(2008)、《中国诗歌选:从公元前十一世纪到公元二十世纪》(2013)等。

中国古典诗歌,尤其是唐代诗歌在西班牙产生了巨大的影响,对中国文学稍有了解的西班牙学者几乎都对李白、杜甫等中国名诗人有所耳闻。本文作者于 2010 年在西班牙格拉纳达大学留学期间,曾有一位西班牙文学老师在提起唐代诗歌时连连称赞,更立刻背出了李白的《静夜思》,这很难讲不是我国古典诗歌大量西译的结果。

在我国古典诗歌西译的过程中,有一位西班牙籍华人做出了巨大的贡献,他就是曾在北京对外经贸学院(现对外经济贸易大学)和广州外国语学院(现广东外语外贸大学)任教、

1991 年起赴西班牙定居的陈国坚教授。上文提到的《中国古典诗词》、《西汉对照书画中国诗词》、《中国爱情诗歌精华》、《中国诗词必读》都是陈国坚的翻译作品,除此之外,他还翻译出版了《白居易诗选》(1984)、《中国诗歌的黄金时代——唐代诗选》(1988)、《李白诗选》(1989)、《中国青楼女诗人诗选》(2010)、《中国诗词欣赏》(2012)等作品。另外还在 2015 年在西班牙出版了专著《中国诗歌在西班牙语世界》,成为了研究我国诗歌在西语国家译介情况的宝贵资料。

在世界范围内,对于外国文学的翻译通常都是由译入语的翻译家们完成的,但是由于巨大的文化差异以及西班牙语国家由于地理和历史因素对中国的陌生感,就中国古典文学而言,西班牙语国家的翻译家们往往无法很好地把握准原文的含义和意境,因此精通西班牙语的中国译者就显得弥足珍贵。在这一方面,陈国坚教授为我们做出示范。

2.2 明清小说的翻译情况

根据我们搜集到的资料,1945 年在西班牙的巴塞罗那出版的《西游记》译本《猴王》应该是西班牙关于我国古典小说的最早的西班牙语译本。在此之后,一方面西班牙长期陷入了佛朗哥独裁统治中,另一方面,如上文所言,西班牙的读者还没有做好接受中国古典小说的准备,所以中国古典作品在西班牙的翻译以孔孟老庄为代表的哲学翻译和中国古典诗歌的翻译为主,对于我国古典小说的翻译退居次席。

就是在这种大背景下,我们很惊讶地发现西班牙在 1978 年出版了在我国被视为禁书的情爱小说《肉蒲团》的西班牙语译本,这部作品由在 1968 年翻译出版了《四书五经》的 Bruguera 出版社推出。我国的禁书在性观念更为开放的西班牙翻译出版,是一个值得我们研究和反思的文化现象。同样的实例在不久前

① Wu Cheng'en, traducción de Luis Elen, *Mono*, Barcelona:Cervantes, 1945
② Marcela de Juan, *Segunda antología de la poesía china*, Madrid:Alianza, 2012

曾又一次出现，西班牙于 2010、2011 年翻译出版了两卷本的《金瓶梅》西班牙语全译本，译者在对这部我国古典名著进行描述时说道："这部小说是中国文学史上第一部真正意义上的现代小说，也是亚洲文化背景下最炫目多彩、同时也最命运多舛的文学著作。"①在我国，由于种种原因，市面上至今仍难购买到全本《金瓶梅》，而在地球另一端的西班牙却已出版了这部古典小说的全译本，并且引起了较大反响，这一现象带给我们的反思要更甚于 1978 年《肉蒲团》西语版的出版带给我们的震惊。

但我们同样不能就此认为在西班牙对于我国古典文学（尤其是古典小说）的翻译出版工作已经达到了很高的水平。事实上，无论是《肉蒲团》还是《金瓶梅》的翻译出版，都还是以性观念更为开放的西方文明，或者说西方式的审美为基础的。也正因为如此，西班牙对于我国其他古典小说的翻译情况还远未达到令人满意的程度。

1945 年《猴王》出版之后，西班牙在 1992 年才由 Siruela 出版社推出了两卷本的新译《西游记》，但这两个西译本都没有在西班牙读者中引起太大的反响。2004 年，Siruela 再版了 92 版的《西游记》（2014 年再度再版），以精装单行本推出。出版者在 2004 版西译《西游记》的介绍中写道："这次的单卷本新版《西游记》将填补我国对世界经典文学翻译史上的一个空白，迄今为止，西班牙读者们对于这部经典文学名著仍知之甚少。如果考虑到在中国，书中的美猴王的地位和堂吉诃德、桑丘潘沙在我国的地位几乎是一样的，那么我在上面提到的这个问题就愈发显得严重了。"②

诚如这位出版者所言，《西游记》中的美猴王等角色在我国的确是家喻户晓，但在国际上，《西游记》的影响力还不能和被誉为"西方文学史上第一部现代小说"的《堂吉诃德》相媲美。只怕也正是由于这个原因，想要让《西游记》在西班牙迅速流行开来、改变西班牙读者不了解这部经典名著的现状的愿望是有些不切实际的。

提到我国具有国际声望的古典小说，毫无疑问应当首推《红楼梦》，而在西班牙，对于《红楼梦》的翻译也确实成为了一项浩大的工程。将这项翻译工作提上日程的想法首先来自于上世纪八十年代的西班牙格拉纳达大学，而直到 2005 年，随着第三卷西译本《红楼梦》的出版，这项浩大的工程才圆满地画上了句号，时间跨度长达二十年。担任这套西译版《红楼梦》中诗词歌赋等部分翻译工作的北京大学赵振江教授在回忆起西译《红楼梦》的来龙去脉时曾这样说道：

最初是外文局和西班牙的大学中间有一个协议，就是外文局提供一个本子，让西班牙大学出版社出版。可是西班牙大学拿到稿子以后，认为达不到出版的水平，所以就跟中国大使馆商量，中国大使馆当时的文化参赞张冬亚先生就给他们建议，说既然和北京大学有合作，就找北京大学一位姓赵的先生合作，让他校那个本子。当然里面的诗词歌赋我们都统统译了，甚至回录，当然也不好署我的名字，因为是两个单位的合作。实际上是这样的，不是我想翻译《红楼梦》，我没有那么勇敢挑战这样一个艰巨的事情。当然去了以后，已经是没有退路了，只好硬着头皮做下去，大概做了三年半。严格的说是我和一位西班牙朋友两个人合作，为前两卷，前 80 回定的稿。等到第三卷拖很多时间才出，还有一位西班牙朋友加入进来，到 2005 年第三卷才出来，等于是我们三个人的集体劳动。另外，我们也参照了法语和英语的版本，其中我

①　Erudito de las carcajadas, *Jin Ping Mei*, Madrid：Atalanta, 2011. 译文出自本文作者。

②　Wu Cheng'en, traducción de Enrique P. Gatón e Imelda Huang-Wang, *Viaje al Oeste*：*las aventuras del rey mono*, Madrid：Siruela, 2004. 译文出自本文作者。

们依据的是外文局提供我们的本子。①

但也许正是因为三卷西语版的《红楼梦》翻译时间跨度太大，虽然有很多西班牙读者希望读到这部极负盛名的中国古典名著，却并不知道这部巨著已经有了西班牙语译本。本文作者于2014年在西班牙韦尔瓦留学期间曾将西班牙语版的《道德经》、《西游记》赠送给拉美文学专业的导师，这位研究外国文学的副教授当即问道《红楼梦》是否也有西班牙语译本，当得知不仅西译本已面世，而且还是由临近的格拉纳达大学负责翻译出版工作之时，这位外国文学专家表现出了极大的兴趣以及惊讶之情。这也从一个侧面反映出了西班牙对我国古典文学的翻译工作虽然在近年取得了巨大的发展，但是相应的宣传工作还有很大的不足，大部头的巨著如《西游记》、《红楼梦》等在被翻译出版后却不被众多的西班牙读者得知，这不得不说是一种巨大的资源浪费。

在我国古典文学四大名著中，除了《西游记》和《红楼梦》外，《水浒传》至今仍没有在西班牙本土翻译出版过，而《三国演义》的翻译过程则让我们看到了西班牙翻译我国古典文学事业的新希望。

2014年初，西班牙网络图书市场上出现了两本《三国演义》的西班牙语选译本，分别名为《三国演义卷一：董卓的兴亡》和《三国演义卷二：抗董卓联盟》。这两部译作的与众不同之处在于，他们都是由翻译爱好者翻译，通过网络方式出版的。我们留意到，在西班牙亚马逊网站上的购书者评价中，有人这样写道："这是一部伟大的小说，译者的背后虽然没有大出版社的支持，但是他却给我们奉献出了一个优秀的译本……希望译者能继续将后来的故事译出来，我已经成为了这部书的忠实读者。"②可以说，《三国演义》的这次奇特的翻译出版过程不仅使我们看到了我国古典文学在西班牙潜在的读者群，也同时给我们提供了在西班牙翻译我国文学作品的一种新的思路和途径。

2.3 外文出版社在出版我国古典文学西语译本过程中的作用

可以说，在西班牙翻译出版的我国古典文学作品的数量和质量处于一个稳步上升的过程。但是对于同类作品进行的西班牙语翻译工作开展时间最久、成果最多的，还应当属我国的外文出版社。因此我们认为有必要提及外文出版社在这一领域做出的贡献。

事实上，虽然以四大名著为代表的我国古典文学在西班牙的翻译工作历经坎坷，但在国内，随着2012年汉西对照六卷本的《三国演义》（属于《大中华文库》）的面世，外文出版社最终出齐了这四部名著的西班牙语译本（1991年的《红楼梦》，1992年的《水浒传》，2005年的《西游记》）。

除此之外，诸如《儒林外史》等其他古典长篇小说、《史记》等非文学类著作都由外文出版社推出了西班牙语译本。在翻译出版这些大部头的经典著作之外，外文出版社还推出了诸如《中国历史故事》、《唐代传奇》等短小精悍的古典著作的西班牙语版本，2006年，外文出版社还出版了西班牙语版的《中国古典文学简史》，这对于推动西班牙语国家读者对我国古典文学发展脉络的了解有着巨大的积极意义。

在翻译出版上述作品的同时，外文出版社还在20世纪80年代推出过西班牙语版的"美猴王丛书"，以极具中国特色的连环画的形式、配上西班牙语译文，这也是对我国古典文学走出去一次积极的探索。以同样形式翻译出版的还包括《聊斋志异》中的数则故事。

但是，由于外文出版社出版的西班牙语书籍主要的流通渠道还是在我国，受众范围还是

---

① "赵振江：西语翻译《红楼梦》诗歌"，http://www.china.com.cn/culture/txt/2008 - 06/25/content_ 15884478.htm。

② http://www.amazon.es/Romance-los-Tres-Reinos-Volumen/dp/1495398765/ref = sr _ 1 _ 1？ie = UTF8＆qid＝1432215426＆sr＝8－1＆keywords＝romance＋tres＋reinos

相对局限①。同时,由于我国国内西班牙语读者数量较少,对于各西班牙语译本质量的方面的监督标准势必要低于以西班牙语为母语的国家。这恐怕也正是在提到《红楼梦》的西语翻译过程时,赵振江教授所说的"外文局提供的本子达不到西班牙的出版要求"的原因所在。

3　结　论

中国古典名著在西班牙的翻译和出版是从哲学领域开始的,孔孟和老庄的著作至今仍然受到西班牙汉语翻译家们的青睐。在西班牙读者对我国古代哲学思想有了一定程度的了解后,西班牙逐渐开始了对我国古典诗词的翻译。从 20 世纪七八十年代开始,以《西游记》《红楼梦》为代表的我国古典章回体小说开始被译介入西班牙,有的作品甚至已有了多个不同的版本。在国内,外文出版社也有计划地推出了我国古典文学的西班牙语译本,这些翻译作品也通过各种方式售往海外西语国家。

总的来看,西班牙对于我国古典文学的译介在近年来无论从数量上还是质量上都有了良好的发展。但是由于多数西班牙读者仍缺乏对中国文学的了解、出版方宣传力度不足等原因,这些译本的传播情况仍然不够理想。

另外,在古典文学西译的过程中,以汉语为母语的我国翻译家们的参与程度还不够,代表人物除上文提到的陈国坚、赵振江外寥寥无几,这也容易造成译本中的误译等问题的出现。在我国古典文学在西班牙译介形势良好的背景下,上述问题却还都有待于进一步解决。

参考文献

西班牙语资料:

[1] Departamento de Investigaciones, & Educativas de Santiana. *Senda: Literatura* 1. Madrid: Santillana, 1973.

[2] Kung Fu Tsey, & Meng Tse. *Los libros canónicos chinos*. Madrid: Bergua, 1954.

[3] Wilhelm, R. *I Ching*. Madrid: Edhasa, 1990.

[4] Sun Tse. *Trece artículos sobre el Arte de la guerra*. Barcelona: Anagrama, 1974.

[5] Sun Tse. *Arte de la guerra*. Madrid: Mandala, 2012.

[6] Sun Tse. *Arte de la guerra*. Madrid:Gala, 2014.

[7] Wu Cheng'en. *Mono*. traducción de Luis Elen. Barcelona: Cervantes, 1945.

[8] Marcela de Juan. *Segunda antología de la poesía china*. Madrid: Alianza, 2012.

[9] Erudito de las carcajadas. *Jin Ping Mei*. Madrid: Atalanta, 2011.

[10] Wu Cheng'en. *Viaje al Oeste: las aventuras del rey mono*. traducción de Enrique P. Gatón e Imelda Huang-Wang. Madrid: Siruela, 2004.

中文资料:

[1] 施耐庵.水浒传(西班牙文版).北京:外文出版社,1992.

[2] 吴承恩.西游记(西班牙文版).北京:外文出版社,2005.

[3] 曹雪芹.红楼梦(西班牙文版).北京:外文出版社,1991.

[4] 罗贯中.三国演义(汉西对照).北京:外文出版社,2012.

[5] 吴守琳.中国古典文学(西班牙文版).北京:外文出版社,2014.

[6] 白行简.唐代传奇(西班牙文版).北京:外文出版社,1980.

[7] 中国网.赵振江:西语翻译《红楼梦》诗歌[EB/OL]. http://www. china. com. cn/culture/txt/2008－06/25/content_15884478.htm.

[作者信息]　侯健,男,常州大学周有光语言文化学院西班牙语专业助教,西班牙韦尔瓦大学在读博士,研究方向:拉美文学。

张琼,女,常州大学周有光语言文化学院西班牙语专业助教,西班牙韦尔瓦大学在读博士,研究方向:西班牙语语言学。

---

①　外文出版社 2012 版汉西对照《三国演义》售价为 560 元人民币,在西班牙实体书店中很难看到有售,在西班牙亚马逊网站上的折后售价则为 118 欧元,约为人民币 800 元。外文社图书在国外的售价过高也是阻碍其西语版图书在海外流通的一个因素。

翻译批评领域新的里程碑

——《译者行为批评:理论框架》与《译者行为批评:路径探索》评介

Lus Shih

1

周领顺教授的两部学术近著《译者行为批评:理论框架》(商务印书馆 2014 年版,以下简称《理论》)和《译者行为批评:实践探索》(商务印书馆 2014 年版,以下简称《路径》),是以译者为中心的翻译批评研究成果。前者构建"译者行为批评"(Translator Behavior Criticism)理论的框架和体系,后者以专题讨论的形式验证理论的有效性和可操作性,具体探讨"怎么评"、"怎么译"的问题,理论支撑实践,实践印证理论,二书构成一个有机整体。

译者是翻译活动的操纵者,没有译者,翻译活动也就不复存在,译者对于译文的产生及其质量的重要作用无须赘言。构建以译者为中心的翻译理论或翻译批评理论有助于更好地指导实践,更重要的是,可以丰富翻译批评研究的内容、拓宽翻译批评研究的范围和视野,有助于推动整个翻译学科的全面和深入发展。翻译学成为一门独立的学科以来,在短短几十年的发展过程中,研究成果斐然,但主要集中于探讨译文文本、翻译的过程等方面,而对参与翻译过程、创造译文的译者本身,关注却并不充分(Dam & Zethsen 2009:7)。国际译界于 20 世纪 90 年代和 21 世纪初分别提出了"文化转向"和"社会学转向"(Angelelli 2014:7),表明翻译研究的范围和视野开始摆脱静态、单一的态势,逐渐转向动态、多维的模式,译者以及影响译者的因素在翻译研究中也受到越来越多的重视,译者研究成为当今翻译学界的热点之一。

许钧(2001:4-5)说:"译学研究要有开拓精神。译学要发展,应该抓好两点:一是'新',二是'深'。所谓'新',是要不断拓宽翻译研究的领域,发现新的研究课题,做前人未做过的研究,起到填补空白的作用,这对完善译学理论体系是非常重要的。所谓'深',是在前人工作的基础上,把研究一步步引向深入,这对提高译学的研究质量,巩固译学的理论基础,确立译学在学术界的地位,是极为关键的一步。"纵观"译者行为批评"的理论框架和体系以及在此理论指导下展开的专题讨论,作者的研究在"新"和"深"这两个方面都将翻译批评研究往前推进了一大步,并为翻译批评走跨学科的研究道路提供了一个优秀的范例。

2

作者将翻译和译者的最基本属性界定为"语言性"和"社会性",并创建了和这两个属性相对应的"求真—务实"连续统作为评价模式,在此基础上,以译者角色化行为为切入口,采用实证描写的研究方法,从一定数量的翻译语料中寻找译者留下的行为痕迹,在社会视域内对广义的译者行为进行批判性研究,发掘译者在翻译活动中的角色化行为和译文质量之间关系的一般性行为规律,为"怎么评"、"怎么译"提供一个客观、全面、动态从而更加科学合理的指导和依据。"译者行为批评"理论以译者群体为考察对象,是一种共性研究。

《理论》一共六章,偏重理论,从宏观上构建"译者行为批评"的理论框架和体系。主要内容包括:(1)细化翻译批评学科,确立"译者行为批评"的学科定位以及研究意义,划定"译者行为"的研究范围;(2)构建并评价"求真—务实"连续统评价模式及其优越性,并在这个模式的指导下对"翻译"和"译者"两个基本概念作出描写定义;(3)讨论译者行为的自律和他评问题、译者变译行为的自律和他评问题;(4)探讨文本类型与译者行为的关系问题、译者行为在"求真—务实"这个模式中的偏向合理度问题;(5)分析译者行为与翻译的社会化、译者的角色化之间的关系问题,明确了"译"与"非译"之间的界限,辨别了不同翻译观照下的"神似"、"化境"概念以及译者行为之间的差异问题。

《路径》一共七章,偏重实践,分别就"翻译策略/方法的选取与译者行为评价"、"译者正法翻译行为与非正法翻译行为评价"、"个体译者行为与群体译者行为评价"、"译文质量与译者行为双向评价"、"风格传译与译者行为评价"和"译者角色化行为与新闻编译评价"等专题展开详细讨论,用"译者行为批评"理论描写和解释翻译事实和现象,并从微观上具体指导翻译及其批评实践,以检验理论是否具有客观性、有效性和可操作性。

3

在当代翻译学的研究领域中,一个重要的内容就是译者研究。自 Douglas Robinson 的 *The Translator's Turn*(1991)一书出版以来,中外研究者愈发关注翻译过程中人的因素,研究内容涉及译者的主体性、译者的(不)可见性、译者的意识形态/性别/身份/社会地位/权势等不同话题。Chesterman(2009)进而提出构建"译者研究"的设想,主张将"译者研究"作为翻译学的一个分支来对待,将译者置于中心地位,从社会学、文化、认知等三个不同角度对译者及其翻译过程展开研究。"译者行为批评"当然属于译者研究的范畴,但又有别于前人,在研究视野和内容方面都有创新,主要体现以下几个方面。

一、作者首次将"译者行为"概念用作翻译批评的术语,从译者的角色化行为这个角度进行翻译批评。在国际翻译界,学者也探讨"译者行为"[例如 Wilss(1996)等],但都不是批评性的研究,而作者不仅把"译者行为"概念用作翻译批评的术语,更致力于将"译者行为批评"构建为翻译批评学科的一个下属分支(周领顺,2014a)。

二、翻译是人的社会活动,译者在翻译过程中必然会体现其社会性而扮演各种译者身份之外的角色,这是译者意志性的表现之一。在内容上,作者的研究与其他学者的译者意志性研究有重合之处,但区别也很明显。后者主要以文本研究为中心,对译者因素进行翻译外部的社会学研究,而作者则着重考察译者的角色化行为与译文质量之间的双边关系及其规律,专注于译者意志性、译者的身份和角色行为对于译文质量的影响,属于翻译内外相结合、译者行为和译文质量评价相结合、规定和描写相结合的研究,定位于翻译社会学和群体研究、共性研究的层面。

三、作者将翻译批评研究的范式划分为三个阶段,并归纳了各自的学科特征:(1)翻译内的翻译学研究,主要是传统意义上的语言内翻译学研究,寻求译文和原文之间的对应关系;(2)翻译外的社会学研究,主要是语言外社会学翻译研究,以翻译学的"文化转向"为标志,考察译文产生的历史、文化、译者因素等;(3)翻译内外相结合的翻译社会学研究,主要是语言内外相结合的翻译社会学研究,考察译者的社会因素和译文之间的双边关系(周领顺,2014a:46-51)。"译者行为批评"属于第(3)阶段,在社会学范畴内对译者的语言性和社会性的角色化行为和译文质量之间的关系作出评价,从译者的角色化行为入手,结合社会需求和社会效果,对译文质量作出评价,从译者看文本,从文本看译者,两个视域相互印证,形成一个译者和文本双向评价的过程。

"译者行为批评"理论以译者为中心的同时,并没有忽略对"文本"的研究,而是兼顾翻译内外因素,将译者和文本二者进行了有机结合。翻译批评不能仅仅局限于译文,但也不能脱离译文这个本体而进行,正如译者的翻译活动不能完全脱离原文一样,作者的译者行为批评和文本批评之间是密不可分的关系。从翻译内外进行翻译批评可以有效避免前两个阶段的翻译批评往往顾此失彼的弊端,有利于客观而全面地探索译者角色化和译者行为和译文质量之间关系的一般规律。

如何有效地进行客观、全面而科学的翻译批评,历来是翻译研究中的难题之一。在翻译批评实践和研究中,"客观性"一直被认为是最基本的原则之一,研究者主观上也本着"客观"的态度进行翻译批评研究,但往往被诟病为"缺乏客观性"(蓝红军 2011:76)。原因在于,除了客观的态度之外,"翻译批评客观性蕴含了丰富的内容,包括批评对象、批评方法和批评态度的客观性,或批评的本体论、认识论和价值论的客观性"(同上 2011:77)。翻译批评失却客观性,全面性就毫无意义,而科学性则更成无本之木,无从谈起。作者为突破这个翻译批评难题,创建了一个客观、全面而科学的评价模式——"求真-务实"连续统评价模式。

翻译既是语际间的转换活动,又是人的社会活动,以这个特征为基础,作者赋予翻译活动和译者以语言性和社会性,并认为这个双重属性之间具有连续性,是一个连续统。当译者突出其语言属性时,译文接近原文,在连续统模式上译文靠近"求真"一端,当译者突出其社会属性时,译文则偏离原文,在连续统模式上靠近"务实"一端。根据文本类型的不同,译者的译文或偏向"求真"一端或偏向"务实"一端,体现译者社会性的务实行为是非译行为。假如译者的社会性过于膨胀而完全脱离了"求真-务实"这个模式的约束,则译者的身份便不再是译者,其行为也不再属于翻译的范畴(周领顺 2014c:94)。作者为不同文本类型的译者行为界定了各种合理度,并作了详细而辩证的阐述。"求真-务实"连续统评价模式的价值和意义是多方面的。

一、"求真-务实"连续统评价模式是"译者行为批评"的理论基石,是有效开展客观、全面、科学的翻译批评的指导性工具。以往的翻译批评理论大多侧重理论构想和描述,缺乏可供实际操作的评价模式,"求真-务实"连续统评价模式则兼具客观性和可操作性,能更加有效地指导翻译及其批评等实践活动。在一般情况下,译者的语言性和社会性必然会同时体现于译文中,对于如何评价译者在二者之间平衡度的合理性问题,因译评者的主观性过强而一直难有公断。利用"求真-务实"连续统评价模式,译评者可以考察译者的角色化行为在"求真"和"务实"之间的偏离程度,归纳总结出其行为合理度或平衡度的一般倾向和规律。这样的研究方法具有客观性,因此比传统的经验式翻译批评研究更为科学,也更有理论和实践价值。

二、所有类型的文本都可纳入"求真-务实"这个统一的评价模式来进行考察和评价,有利于考察不同文本的译者行为之间的差异、影响译文质量的不同因素。现有的翻译批评理论或研究大多只针对某一类型的文本,难免挂一漏万。"在翻译批评所涉及的作品中,就体裁而言,主要有文学翻译作品和科学翻译作品两大类,其中文学翻译作品占了大多数,翻译批评类的论文和著作在没有明确指示的情况下一般都约定俗成地以文学翻译作品或现象为考察对象"(许钧 2009:233),在非文学类文本中,学者也主要关注科技、新闻、法律等文本的翻译。"求真-务实"连续统模式可涵盖一切文本类型的翻译活动和译者行为,以这个连续统为评价模式,可纠正传统的翻译批评研究偏重文学型文本而轻实用型文本的偏颇,有利于发现翻译活动的总体倾向和规律。

三、"求真-务实"连续统评价模式具有科学性,对于认识翻译活动和译者行为的本质起着积极意义。在该模式的指导下,作者对"翻译"和"译者"作了描写定义:翻译是译语再现源语意义程度不等之物或之为,译者是借译语再现源语意义程度不等之执行者。在真空状态下,译文和原文应该高度一致,但在现实中,这是不可能达到的状态,尤其在翻译非文学文本时,出于务实社会需求的考虑,译者或多或少都会偏离原文而显现出非译者行为。译者行为在该连续统上有各种渐变的状态,用这一评价模式可以对译者行为的各种合理度进行客观描写,不管偏向哪一端,译者的角色行为始终在"译者"身份之下进行(周领顺 2012:94)。因此,"求真-务实"连续统模式既是一个译文质量的评价模式,又是一个译者自我约束的衡量模式。

作者在《理论》中构建了一套比较完整的理论框架和体系,在《路径》中就不同的专题展开了具体的讨论,将"译者行为批评"理论用于解释翻译事实、评价翻译质量,指导翻译实践,以检验该理论的有效性和可操作性。这些专题讨论中涉及的话题前人已经从不同角度做过大量的研究,例如翻译策略和方法、正法翻译与非正法翻译、风格传译、新闻编译等,作者从译者角色化行为的新视野,以实证描写的方式,在"求真—务实"连续统评价模式中,对社会因素和译者行为之间的关系、译者行为和译文质量之间的关系进行了全新的描述和评价。

翻译批评理论的作用之一是用来指导实践。这些专题研究是作者的理论思考和阐述在实践上的验证和应用,但又不仅仅局限于将翻译批评理论用于指导翻译实践这个技术层面。作者将"理论"分为规定性理论和描写性理论两类,前者指导翻译实践,位于"怎么译"的层面,后者指导翻译批评实践,位于"怎么评"的层面;规定性理论也可用于评价,但多用于译前评(译前规定和指导),而描写性理论则多用于译后评(译后描写和解释)(周领顺,2014b:296)。"译者行为批评"理论是描写性和规定性的结合,但主要是描写性的,其次才发挥规定性的作用。在具体的专题讨论中,作者首先从社会学的角度解释翻译的事实和现象,致力于挖掘影响翻译活动和译者行为的各种社会因素、探索翻译活动的规律,提炼出"怎么评"的指导性原则,在此基础上指导才探讨"怎么译"的问题。

翻译批评理论的实践指导意义还体现在译文质量的具体评价方面。译文质量评价属于实证性研究的范畴,研究者常采用跨学科的研究方法,对译文和译后效果进行定性和定量分析。作者采用了社会调查法、统计分析法、个案研究法、历史研究法等不同的研究方法,在句法、语义、风格等语言的微观和宏观层面,在读者的接受度、译文的社会功效等译外效果方面,对翻译过程、译者行为和翻译结果进行价值判断,对译者在文本求真度和效果务实度之间合理度的把握进行了平衡度的考察。

《路径》中专题讨论涉及的话题可谓老生常谈,其讨论发生于一个全新的视野而被赋予了新的价值,这些话题的实证性研究既是"求真—务实"连续统评价模式回归应用的验证,又是"译者行为批评"理论在具体的翻译评价层面上的高层次提升。

4

作者致力于将"译者行为批评"创立为翻译批评学科的下属分支,与"文本批评"相对应,拓展了翻译批评的研究视域和内容,推动了翻译批评、翻译社会学和描写译学等学科的体系的完善和发展,体现了作者强烈的理论意识和学科意识。

翻译学作为一门相对较为年轻的独立科学,到目前为止还没有比较完善的分支学科体系。Holmes(1972/2000)构想了翻译学的研究对象、目标和范围,划分了翻译学内部的分支学科(直观化的图示见 Toury,1995:10)。他将翻译学分为"纯粹型"(Pure)和"应用型"(Applied)两大类,翻译批评是"应用型"下属的一个分支,研究的内容主要是评价译本,包括评判学生的译文和评论出版的译本,即他认为文本是翻译批评的主要对象。Holmes 的分类在科学性和全面性方面都有商榷的余地,在他的基础上不少学者之后提出了改进和增补。尽管如此,译界公认他的分类奠定了翻译学成为独立学科的基础,或许因为该分类的广泛影响,外加"原文至上"观的羁绊,传统上的翻译批评大多以文本主要对象。当然,研究者在对译文文本进行翻译批评时,也涉及对译者的批评,但大多是零散的、附属的、单一的,没有真正形成以译者为中心的系统性研究。

分支学科是一门科学的分化和细化,任何一门科学的成熟和发展都离不开这一过程。将翻译批评这个分支学科进一步分化和细化,对于推动整个翻译学的成熟和发展具有理论意义。随着研究和认识的深入,研究者认识到译者在翻译过程中的价值和作用,对译者进行批评研究在翻译批评中已经占有一席之地,也有学者将"译者评论"列为翻译批评的一个分支,例如文军(2000:65)。"文本"是翻译活动的客体,"译者"是翻译活动的主体,将主客体平行、对立,合乎情理(周领顺 2012:91)。但真正以译者为中心进行全面的、系统的翻译批评研究依然不是很多,从社会学的角度以译者的角色化行为为出发点进行的全面、系统的翻译批评研究更属凤毛麟角。

传统译论主要研究以文学文本为客体的翻译活动,强调译者依从作者,主张以译文贴近忠实原文作为翻译的标准和原则,而忽视翻译活动的译外因素。从认识论的角度看,作者打破了将翻译活动的客体和主体对立的二元思维模式,除了原文这个客体,充分考虑了译者的社会性和主体性、翻译活动的目的和社会需求以及译文的社会效果等多重因素,在翻译活动和译者的"语言性"和"社会性"双重属性的基础上,构建了"译者行为批评"的理论框架和"求真—务实"这个连续统评价模式,确立了进行客观公正的翻译批评的原则和标准,严密阐述和界定了一系列理论新术语,例如"译者行为"、"语言内"和"语言外"、"翻译内"和"翻译外"、"译内行为"和"译外行为"、"译内效果"和"译外效果"、"求真—务实"、"角色化"等等。从方法论的角度看,在具体的翻译评价中,作者采用了语言学、社会学、统计学等多种微观和宏观的跨学科研究方法,将理论用于解释和指导具体的翻译批评实践的同时,也验证了"译者行为批评"理论的客观性、有效性和可操作性。

理论是否可称之为理论,重要的判断依据是,是否具备国际学术研究中普遍认同的现代理论所必需的成系统要素,例如相对严密的术语系统、相对理性的话语规范、相对客观的理论框架、相对完整的分析手段、相对稳定的解释力等等,使得一个理论成为一个可证实、可证伪、可操作、可(与其他系统)互动、可持续发展的体系(朱纯深,2000:6-7)。以这样的要求来看,"译者行为批评"已经形成一个比较完整的理论框架,在翻译理论体系中的位置也已经得到了明确(周领顺,2014a:60)。总之,"译者行为批评"研究"处于国际前沿"(许钧,2014:112),对于完善翻译批评学科的理论体系起到了推动作用。

"译者行为批评"理论致力于探索和发现译者行为的共性和规律,为翻译及其批评等实践活动提供一个可资参照的标准。传统的翻译批评研究在客观性、科学性和系统性等方面都有所欠缺,译评者常以某一类型的文本为语料,或以语料中的一词一句为依据,凭借主观印象对译文文本进行经验式的评价,这就难免"加入个人主观的因素,即所谓仁者见仁,智者见智……对于同一个译本,不同的批评者会有不同的理解,不同的评价"(郑海凌,2000:20)。中外学者以这种重主观经验的研究方法,提出了众多的翻译标准,例如"信达雅"说、"神似"说、"化境"说、"三美"说、"韵味"说等。这些翻译标准着眼于古典文论和传统美学的角度,对中国译学的发展起到了积极的作用,但它们往往以原文为唯一出发点,并且主要针对文学类文本的翻译。在某种程度上,传统译论中的这些概念"抽象而泛化","缺乏可描写性、可印证性和可操作性,很难有效指导翻译批评"(杨洁、曾利沙,2010:77)。

从微观角度进行的翻译批评研究也并非一无是处,但不容易发掘翻译活动的规律,对于翻译及其批评等实践活动的指导作用也相应比较有限。因此,至20世纪50年代,董秋斯依然指出,"翻译批评的根本困难大抵有两种:1. 没有一个完备的翻译理论体系;2. 没有一个公认的客观标准"(转引自文军、刘萍2006:38)。即使到目前,任何一个翻译理论体系都很难说是完备的,也尚未有一个为中外译界公认的客观标准。首先,完善的理论体系和客观的翻译标准的建立不可能一蹴而就;其次,即使能够建立也不是一成不变的。翻译活动纷繁复杂,不能用一种准则去衡量所有不同学科的译文,翻译标准也不是直观显见的,研究者必须从大量的翻译实践和译者行为中观察归纳得来,这在译界是共识。人类的行为总是有规律可循,翻译作为社会交际活动也不例外。译者的个体行为有规律可循,群体行为更是如此。译者既有个体性又有社会性,在翻译活动中会受当时的社会和文化规范的约束,"总会遵循一定的语言内部规范和社会文化外部规范,从而会表现出带有群体性或普遍性的行为特征"(周领顺,2014c:95)。因此,发掘翻译活动的规律和共性不易,但并非没有可能。

翻译是一项复杂的社会活动,文本的内容浩瀚、形式多样,译者又是具有主观能动性和创造性的个体。译评者唯有控制自身的主观性和随意性,采取客观公正的态度和科学的研究方法,才有可能探寻到翻译活动和译者行为的共性和规律,在最大程度上对译本作出客观公正的评价,从而有可能对未来的翻译实践活动提供更加有益的指导。而这一切在很大程度上取决于译评者对于翻译活动和文本形成过程的正确认识。作者说:"作为复杂社会活动的译评者,不对意志体的译者行为有充分的体谅是不够公允的。真正误译的要得到纠正,而对于译者有意识的行为,要努力寻找背后的复杂动因才可能做到评判最大程度的公正。"(周领顺,2014b:295)发现和建立客观的翻译批评标准以尊重客观事实为起点,只有主观认识符合客观实际,才有可能确保态度、研究方法和研究结果的客观、公正和科学,在此基础上建立的翻译批评理论才有理论和实践价值。

"译者行为批评"理论采取客观的态度,采用科学、合理的研究方法,在大量实证调查和分析的基础上,全面解读影响译文质量的语言内外、翻译内外的因素,探索了译者行为的共性和规律。寻找翻译活动的共性和规律与进行翻译批评相辅相成,前者是基础,正如许钧(2009:241)所说,"翻译的标准也就是批评的典律,翻译标准不仅是翻译主体在翻译实践中遵循的原则和努力的方向,也是批评主体用以鉴赏、阐释和评论译作的尺度,其重要性对整个翻译活动,包括理论的建设和实践的开展,都是不言而喻的"。

"译者行为批评"理论立足于中国的传统译论和西方的翻译理论,既有吸收和引进,又有创新和突破,拓展了翻译批评研究的视野和内容,为翻译批评走跨学科的道路提供了有益的思路。薄振杰等(2008:72)指出,中国的翻译批评研究在近期内至少应该在以下三个方面作出努力:扩大批评理论视域、建立多元互补的批评模式、树立客观科学的翻译批评观念。从上文的描述可以看出,"译者行为批评"理论在上述三方面均有建树,其研究不仅可以推动本国的翻译批评理论的建设和发展,同时也是对国际翻译批评理论的丰富和完善。

翻译活动牵涉各种主客观因素,对于这些因素是否有一个全面的认识以及如何认识决定了研究者的态度、所采取的研究方法,进而决定研究结果是否科学合理,经得起实践的检验。《路径》中展开的专题讨论说明,"译者行为批评"理论对于客观公正地审视和评价英汉语之间的翻译活动和译本是有效、合理的。"译者行为批评"是中国学者基于英汉语之间的翻译活动而构建的翻译批评理论,尽管立足于特定的具体语言,但具有普遍意义上的理论价值和实践指导价值。首先,对于翻译活动和译者行为,作者采取的是一种客观、宽容的认识和态度,从社会学角度考察译者行为与译文质量之间的关系,这符合翻译是人类的社会活动以及译者具有意志性等这些客观而普遍的事实。其次,"译者行为批评"以译者为中心,但并没有忽视对文本的研究,这符合翻译说到底是语言之间的转换这个本质特征。第三,

"译者行为批评"的理论核心是"求真—务实"连续统评价模式,它建立在翻译活动和译者的"语言性"和"社会性"之上,这两个基本属性具有普遍性,可以推断这个评价模式也具有普遍性。

在翻译学发展的几十年中,国际译界不断涌现各种翻译观和"转向",翻译(批评)理论也层出不穷,很多引进至国内,帮助推动了中国译学的向前发展。鉴于汉语和印欧语之间在语言结构和文化方面的巨大差异,不少中国学者对于西方翻译(批评)理论不能圆满地适用于汉语、解决汉语问题表示遗憾和忧心,或强烈呼吁或竭力寻求适合汉语或"具有中国特色"的翻译批评理论,主观出发点是好的。事实上,类似的心态也存在于西方译界,一方面有学者致力于构建普遍适用的翻译(批评)理论,另一方面又有学者执着地认为,没有一种翻译(批评)理论是普适的,能适用于所有的情形。理论本质上是一种研究的视角和方法,大多建立在具体的事实和现象之上,在一定的时间和范围内具有普适性,也往往会经历一个不断修正和完善的过程,从来就没有亘古不变的真理。具体的语言文化之间既有个性又有共性,翻译作为人类的社会活动也是如此。假如西方的翻译(批评)理论不能完全适合汉语而非另起炉灶不可,那么中国学者在汉语基础上建立的翻译(批评)理论似乎也应该被西方译界拒之门外。假如这种思维能够成立,对于中西双方的研究者都是不公平的,会贬低他们的研究成果的价值。西方理论可以为中国所用,中国学者创建的理论也可以为西方借鉴,中西有别但没有高墙。

理论不管源自何方,也不管是谁提出或提倡的,其存在都只能是一个促进人类认识世界与自身的思想工具,而不是一道规定思想路向的藩篱,更不是一个规范研究行为的教条;以汉语为本的翻译研究就不只是同其他体系并驾齐驱,而是很有可能以其独特视点对整个世界的翻译研究作出突破性贡献,在更高层次上进行体系间双向的互补、借鉴和相互渗透(朱纯深,2000:7)。

5

"译者行为批评"理论着眼于译者的群体行为的共性和规律,为未来的翻译及其批评等实践活动提供了客观的标准和依据;以译者为中心,从社会学的角度探讨译者行为和译文质量之间的双边关系,填补了翻译批评研究的空白,拓展了研究的视野和内容,从而推动了中西翻译批评学科的建设和发展。

翻译及其批评是人的活动,涉及的因素众多,翻译批评的共性研究又是一项庞大的工程。为了客观评价译文的质量,作者构建了一个连续统评价模式,在这个模式中,译者的角色化行为的合理度是用以衡量译文质量的标杆。文本类型的不同,译者行为的合理度会偏向模式的左端或右端,如何客观地判断译者行为的合理度从而找出规律,也牵涉很多主客观因素,如何控制这些因素对于研究结论是很关键的。作者重点探讨了应用型文本的译者行为规律,假如将不同类型和题材的文本置于同一个评价模式之中加以考察,可以发现翻译活动和译者行为的总体规律,对于理论和实践,意义都十分重大。由此说明,"译者行为批评"理论可施展的空间是十分巨大的,该理论可谓翻译批评领域新的里程碑。

参考文献

[1] Angelelli, Claudia V. *The Sociological Turn in Translation and Interpreting Studies*. Amsterdam/Philadelphia: John Benjamins Publishing Company, 2014.

[2] Chesterman, A. The Name and Nature of Translator Studies. *Hermes-Journal of Language and Communication Studies*, 2009(42): 13 - 22.

[3] Dam, H. V. The Translator Approach in Translation Studies-reflections Based on a Study of Translators' Weblogs//Maria Eronen & Marinella Rodi-Risberg (eds). *Point of View as Challenge: VAKKI Publications* 2. Vaasa: University of Vaasa, 2013: 16 - 35.

[4] Dam, H. V. & Zethsen, K. K. Translation Studies: Focus on the Translator—Introduction to the Thematic Section. *Hermes—Journal of Language and Communication Studies*, 2009 (42): 7 - 12.

[5] Holmes, J. S. The Name and Nature of Translation Studies. Reprinted in Lawrence Venuti (ed.). 2000. *The Translation Studies Reader*. London/New York: Routledge, 1972: 172 - 185.

[6] Toury, G. *Descriptive Translation Studies and Beyond*. Amsterdam/Philadelphia: John Benjamins Publishing Company, 1995.

[7] Wilss, W. *Knowledge and Skills in Translator Behavior*. Amsterdam/Philadelphia: John Benjamins Publishing Company, 1996.

[8] 薄振杰,孙迎春,赵巍. 对当前中国翻译批评研究的思考. 外语教学,2008(3):72 - 76.

[9] 蓝红军. 论翻译批评客观性及其构建. 外语研究,2011(5):76 - 80.

[10] 文军. 翻译批评:分类、作用、过程及标准. 重庆大学学报,2000(1):65 - 68.

[11] 文军,刘萍. 中国翻译批评五十年:回顾与展望.

甘肃社会科学,2006(2):38 - 43.

[12] 许钧. 切实加强译学研究和翻译学科建设. 中国翻译,2001(1):2 - 8.

[13] 许钧著. 翻译概论. 北京:外语教学与研究出版社,2009.

[14] 许钧. 矻矻经年自成一格——《译者行为批评:理论框架》与《译者行为批评:路径探索》序. 山东外语教学,2014(1):112.

[15] 杨洁、曾利沙. 论翻译伦理学研究范畴的拓展. 外国语,2010(5):73 - 79.

[16] 周领顺. 译者行为批评:翻译批评新聚焦——译者行为研究(其十). 外语教学,2012(3):90 - 95.

[17] 周领顺. 译者行为批评:理论框架. 北京:商务印书馆,2014a.

[18] 周领顺. 译者行为批评:路径探索. 北京:商务印书馆,2014b.

[19] 周领顺. 译者行为批评论纲. 山东外语教学,2014c(5):93 - 98.

[20] 朱纯深. 走出误区踏进世界——中国译学:反思与前瞻. 中国翻译,2000(1):2 - 9.

[作者信息]　Lus Shih,旅居加拿大学者。

编者的话

　　《翻译论坛》由江苏省翻译协会和南京大学出版社共同编辑，面向全国公开发行。本集收录了全国各地外语界、翻译界的专家学者提供的优质稿件，全集分如下几部分：译论纵横、翻译教学、人才培养、批评鉴赏、译者研究、史海钩沉、文化寻迹、学术争鸣、中外交流等。编辑部邮箱 fanyiluntan@126.com，编辑热线 025-83592123。

图书在版编目(CIP)数据

翻译论坛. 2015. 4 / 许钧主编；江苏省翻译协会
编. — 南京：南京大学出版社，2015.12
ISBN 978-7-305-13964-2

Ⅰ. ①翻… Ⅱ. ①许… ②江… Ⅲ. ①翻译－教学研
究－文集 Ⅳ. ①H059-53

中国版本图书馆 CIP 数据核字(2015)第 309016 号

出版发行　南京大学出版社
社　　址　南京市汉口路 22 号　　　　邮　编　210093
出 版 人　金鑫荣

书　　名　**翻译论坛(2015.4)**
主　　编　许　钧
编　　者　江苏省翻译协会
责任编辑　裴维维　　　　　　　　编辑热线　025-83592123

照　　排　南京南琳图文制作有限公司
印　　刷　扬中市印刷有限公司
开　　本　787×1092　1/16　印张 6.25　字数 194 千
版　　次　2015 年 12 月第 1 版　2015 年 12 月第 1 次印刷
ISBN 978-7-305-13964-2
定　　价　20.00 元

网址：http://www.njupco.com
官方微博：http://weibo.com/njupco
官方微信号：njupress
销售咨询热线：(025) 83594756